Kerstin Müller (Hrsg.)

Superidee Laubsägearbeiten

Kerstin Müller (Hrsg.)

Superidee Laubsägearbeiten

Entwürfe von
Marion Dawidowski
Karina Stieler
Gabriele Wollenheit

Mit Vorlagen in Originalgröße

AUGUSTUS

Inhaltsverzeichnis

Kunterbunte Holzideen

Vorwort

Laubsägen ist gar nicht schwer – mit dem passenden Material, dem richtigen Werkzeug und einem Buch wie diesem, das viele lustige Ideen sowie praxisorientierte Ratschläge bereit hält.
Schon beim durchblättern wird es Ihnen in den Fingern jucken, das eine oder andere Motiv nachzuarbeiten.
Die Motive sind vielfältig verwendbar und so vielseitig, daß Ihnen in diesem umfangreichen Buch doch nur ein Bruchteil der Möglichkeiten gezeigt werden kann.
Die meisten Dinge, die Sie zum Laubsägen benötigen finden Sie in jedem Haushalt oder Bastelkeller.
Mit einer einfachen Laubsäge und ein paar Sperrholzresten vom Tischler können auch schon Ungeübte viele schöne Dekorationen entstehen lassen. Das Aussägen der Motive kostet zwar etwas mehr Kraft, als beispielsweise das Schneiden mit der Schere, dafür sind die Kreationen langlebig.
Also, nur Mut! Außerdem sparen Sie in Zukunft eine Menge Geld, denn alle Geschenke kommen demnächst aus Ihrer eignen Sägewerkstatt!

Was brauchen Sie an Material und Werkzeug?

Grundausstattung

Laubsägebogen
Laubsägeblätter – Sortiment verschiedener Größen
Sägetischchen mit Schraubklemme
Schleifpapier oder Schmirgelschwamm
Bleistift
Massiv- oder Sperrholz

Übertragungszubehör

Je nach gewählter Übertragungstechnik variieren die dafür notwendigen Materialien. Nähere Informationen hierzu finden Sie im Kapitel »Techniken«, S. 9.

Bitte beachten Sie:
Die genannten Werkzeuge und Materialien benötigen Sie immer, bei jedem Objekt! Sie werden daher im folgenden nicht mehr einzeln aufgezählt.

Sonstige Materialien

Holzleim, Sekunden- und Bastelkleber
Hand- oder Akkubohrer
Pinsel, Bootslack, Dickschichtlasur
Pinzette, Schere, Lineal
Anspitzer, Radiergummi
Für einige Objekte benötigen Sie zusätzliche Accessoires, die aber jeweils angegeben sind.

Wo bekommt man was?

Zum Einkauf des wichtigsten Materials – *Sperrholz* – bieten sich Holzhandlungen und Baumärkte an. Besonders Reststücke bekommen Sie dort manchmal zu sehr günstigen Preisen.
Laubsägebogen und *Laubsägeblätter* finden sich in den meisten Heimwerkerhaushalten. Wenn nicht, ist beides – genau wie Schmirgelschwamm, Handbohrer, Sekundenkleber, Rundholz, Holzleim, Holzbeize, Lacke und Lasuren sowie das Sägetischchen – in Baumärkten und Bastelläden zu bekommen.
Die beste Adresse für *Pinsel*, *Holzperlen*, *Bastelfarben*, *Samtfaden*, *Peddigrohr* und *Augenstempel* ist dagegen wohl das Bastelgeschäft.
Sternzwirn erhalten Sie in der Kurzwarenabteilung.

Laubsäge oder Dekupiersäge?

Eine Frage, die sich nicht so leicht beantworten läßt, da es ganz darauf ankommt, wie häufig Sie sägen, wieviel Geld Sie ausgeben möchten und vieles mehr. Die folgenden Erläuterungen erleichtern Ihnen die Entscheidung vielleicht ein wenig.

Laubsäge

Die Laubsäge wird mit Armkraft und in einer ständigen Auf- und Abbewegung des Bogens durch das Holz geführt. Das Sägeblatt soll dabei senkrecht geführt und nur leicht gegen das Holz gedrückt werden. Starker Druck oder schräge Haltung können das Sägeblatt zum Verkanten bzw. Reißen bringen.
Den Sägebogen immer waagerecht und parallel zum Unterarm halten. Der Unterarm wird immer rechts vom Körper gehalten, nie davor! Auch bei Kurvenschnitten bleiben der Sägebogen und der Unterarm in beschriebener Stellung, da nur das Holz in die gewünschte Rich-

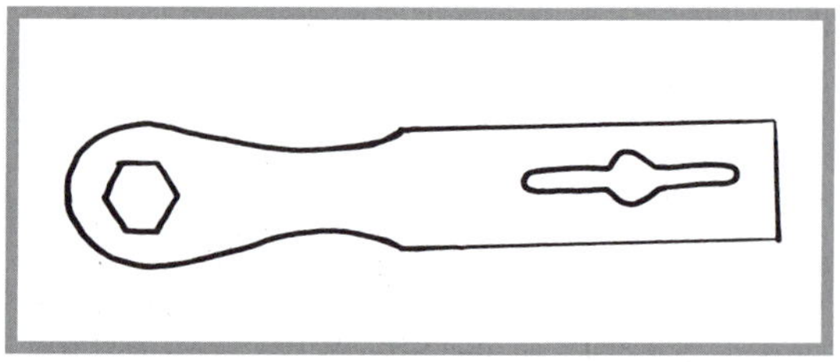

So sieht ein einfacher Flügelschraubenschlüssel aus.

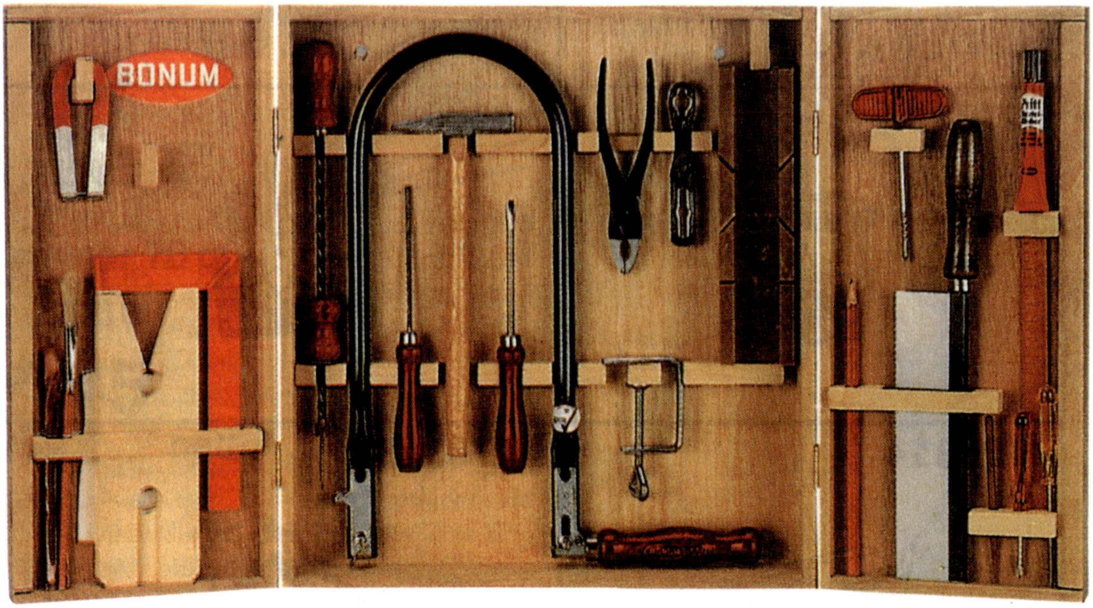

Grundausstattungen für Laubsägearbeiten gibt es recht preiswert als fertige Sets zu kaufen. Hier ein Beispiele der Firma Bonum.

Werkfoto: Bonum

tung gedreht wird. Wenn Sie kleine Teile aussägen müssen, brauchen Sie ein Sägetischchen. Es wird mit einer Schraubklemme an der Tischkante befestigt. Der Schlitz und das Loch im Tischchen ragen über die Kante hinaus. Das auszusägende Teil wird über das Loch gelegt und das Sägeblatt durch den Schlitz geführt. So kann auch das kleinste Motivteilchen problemlos gesägt werden! Mit den Flügelschrauben am Laubsägebogen werden die Sägeblätter gespannt. Leider sitzen die Schrauben häufig so fest, daß selbst Erwachsene Schwierigkeiten beim Öffnen haben. Mit einem Flügelschraubenschlüssel (siehe Abb.) geht es jedoch ganz einfach. Und auch Kinder können ganz unbesorgt mit der Laubsäge „werkeln“. Eine Laubsäge kostet komplett mit Sägetisch, Klemme, Flügelschraubenschlüssel und einem Sortiment Sägeblätter etwa DM 25,-. Sie ist damit preiswerter als eine Dekupiersäge, stromunabhängig, platzsparend und leise. Mit ihr können Sie beinahe überall Ihrem Hobby nachgehen.

Dekupiersäge

Dekupiersägen arbeiten alle nach dem gleichen Prinzip. Ein Motor übernimmt die Auf- und Abbewegung des Sägeblattes. Unterschiede gibt es in der Ausstattung, der Handhabung und dem Preis. Das Holz wird mit beiden Händen fest auf den Sägetisch gedrückt und leicht gegen das laufende Sägeblatt geführt. Mit einer Dekupiersäge läßt sich auch härteres Holz bis zu einer Stärke von 50 mm sägen. Weitere technische Merkmale und die genaue Handhabung der Säge entnehmen Sie bitte der Bedienungsanleitung. Eine Dekupiersäge kann nicht immer und überall genutzt werden, da sie meist auf einem stabilen, standfesten Tisch montiert werden muß und nur mit Strom läuft. Außerdem ist sie nicht so leise wie eine Handlaubsäge. Kinder dürfen niemals unbeaufsichtigt mit der Dekupiersäge arbeiten.

Die Dekupiersäge Eco der Firma Peter Bausch.

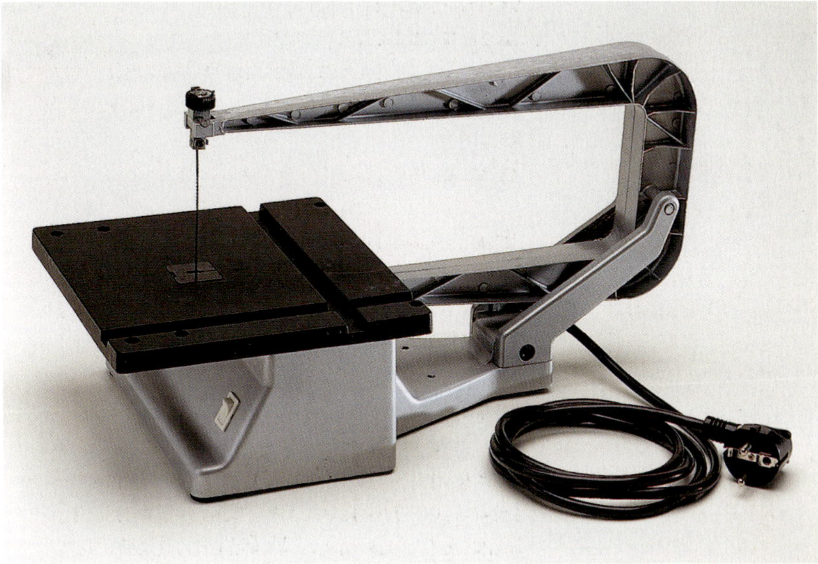

Das Holz – Arten und Sorten

Sperrholz besteht aus mehreren, in der Maserung versetzt aufeinandergeklebten dünnen Holzplatten. Die Plattenstärke ergibt sich durch die Anzahl der zusammengeleimten Lagen. Speziell für den Flugzeugmodellbau ist beispielsweise 0,8 mm dünnes Birkensperrholz erhältlich, das sich vorzüglich zum Herstellen sehr filigraner Motive eignet! Auch wasserfest verleimtes Sperrholz können Sie kaufen. Es läßt sich allerdings ziemlich schwer sägen und muß, wenn es wetterfest werden soll, trotzdem mit Bootslack versiegelt werden. Die verschiedenen Sperrholzarten geben Ihnen die Möglichkeit, farblich geeignetes Material zu wählen. Die Palette reicht von fast weiß (*Pappel*) über gelblich (*Ayous*) und rötlich (*Gabun*) bis hin zu braun. Je nach Sorte variiert auch die Maserung von ganz schwach bis sehr stark.

Bitte beachten Sie:
Sperrholz der Sorte Gabun, beispielsweise also eine rötliche Holzsorte, verändert den Originalton der Beize: Gelbe Beize wird orange, denn rot und gelb ergibt bekanntlich immer orange!
Vor dem Holzeinkauf sollten Sie deshalb überlegen, welche Motive Sie nacharbeiten möchten. Auch die Holzstärke sollten Sie, wenn Sie eigene Ideen verwirklichen wollen, dem Motiv anpassen.

Für alle Gartentiere und andere Laubsägearbeiten, die für draußen gedacht sind, verwenden Sie am besten Massivholz.
Optimal für unsere Zwecke geeignet ist *Abachi*. Es ist ein sehr leichtes und weiches Holz, das sich auch bei einer Stärke von 20 mm noch mit der Laubsäge bearbeiten läßt.

Farben, Beizen, Lacke und Lasuren...

Zur Bemalung sind jede wasserlösliche Bastelfarbe, jeder Acryl-Lack sowie Seiden- oder Stoffmalfarben verwendbar.
Bastelfarben sind matte oder hochglänzende Lacke auf Wasserbasis, die speziell für den Hobbybereich in kleinen Mengen angeboten werden.
Seiden- und *Stoffmalfarben* gibt es in transparenter und deckender Ausführung.
Auch normale und wasservermalbare *Buntstifte* können, je nach Motiv, zur farblichen Gestaltung geeignet sein.
Außerdem gibt es noch ein Sortiment von etwa zehn bunten, wasserlöslichen Holzbeizen – Rot, Orange, Gelb, Grün, Blau, Schwarz, Grau, Violett, Türkis – und viele Brauntöne, aber **kein** Weiß. Diese Beizen sind als Pulver erhältlich.
Als Schutzanstrich für Innen eignet sich eine reine *Bienenwachslasur* ohne Lösungsmittel. Dagegen brauchen alle Teile, die der Witterung ausgesetzt sind, einen wetterfesten Schutzanstrich. Je nach Holzart eignet sich dafür farblose *Dickschichtlasur* oder *Bootslack*.

... und ihre Anwendung

Bastelfarben, ob matt oder glänzend, sind nach dem Trocknen wasserfest. Sie können problemlos mit Farben aller Art übermalt werden.
Anders sieht es bei den *Holzbeizen* aus. Da sie wasserlöslich sind, lassen sie nur bedingt ein Übermalen mit anderen Farben zu. Trennen Sie gegebenenfalls beide Farbarten durch einen Zwischenanstrich mit farbloser Dickschichtlasur.

Außerdem werden Sie große Schwierigkeiten haben, mit Beizen einen exakten Farbauftrag bzw. eine genaue Farbangrenzung zu erreichen. Durch ihre wässrige Konsistenz ist das beinahe unmöglich. Beizen eignen sich daher eher für Innenräume und einfarbige Bemalung.
Stoff- und *Seidenmalfarben* reagieren bei der Verarbeitung genau wie Holzbeizen.
Bienenwachslasur verleiht den Farben einen zarten, seidigen Glanz. Sie läßt sich schnell und problemlos auftragen, da sie nach dem Trocknen keine sichtbaren Pinselstriche oder Tropfnasen hinterläßt. Allerdings ist sie nicht wasserfest!

Mit farbloser *Dickschichtlasur* auf Wasserbasis habe ich bei allen Werkstücken, die einen wetterfesten Anstrich erforderlich machen, und – das ist sehr wichtig! – aus Massivholz bestehen, sehr gute Erfahrungen gemacht! Ein einmaliger, satter Auftrag ist völlig ausreichend.
Mehrere Anstriche mit *Bootslack* machen auch aus Sperrholz hergestellte Werkstücke wetterfest.
Eine Bemalung mit *Buntstiften* ist besonders für kleinere Kinder gut geeignet. Größere erreichen auch mit *wasservermalbaren Stiften* interessante Effekte, z. B. Schattierungen.

TIP

Ein neuer Lasur- bzw. Lackauftrag in jedem Frühjahr läßt Ihre Garten- oder Balkonfiguren »unsterblich« werden.

Welche Pinsel sind geeignet?

Grundsätzlich gilt: Nur ein gepflegter Pinsel, in guter Qualität, bringt saubere Malergebnisse! Mit »ausgefransten«, alten Pinseln oder einfachen Schulmalpinseln, die keine saubere Spitze bilden, können Sie z. B. niemals ein ordentliches Auge oder andere exakte Linien malen. Es ist also durchaus angebracht, für Pinsel ein bißchen mehr Geld auszugeben!
Sehr gut sind die *Synthetikhaarpinsel* »Gold Sable« oder »Toray-Haar«. Sie haben den Vorteil, wesentlich formstabiler und langlebiger zu sein als Naturhaarpinsel. Für den Anfang reichen drei dünne Pinsel in den Größen 1, 3 und 5 völlig aus.
Für große, einfarbige Flächen, zum Grundieren und zum Beizen können Sie ohne weiteres einen dicken, preiswerten Schulmalpinsel benutzen. Auch die billigen Malerpinsel, rund oder flach, sind hierfür geeignet.
Ein dicker Pinsel ist ausreichend; haben Sie jedoch mehrere zur Verfügung, bleibt Ihnen das ständige, gründliche Ausspülen zwischen den unterschiedlichen Beizeaufträgen erspart.

Techniken

So überträgt man Motive von der Vorlage auf das Holz

Um die Motive von der Vorlage auf das Holz zu übertragen, gibt es mehrere Möglichkeiten:

Kopieren

Machen Sie von der Vorlage eine Kopie. Diese kleben Sie mit einem wieder ablösbaren Kleber (auch Rubbelkleber genannt, da sich die Reste abrubbeln lassen) auf das Holz. Jetzt können Sie Ihr Motiv ganz exakt aussägen. Wenn Sie diese Arbeit beendet haben, entfernen Sie die Kopiereste, indem Sie sie einfach vom Holz abziehen. Eventuelle Kleberreste mit dem Daumen abrubbeln.
Diese Technik ist sehr gut für filigrane Arbeiten mit vielen Innenausschnitten geeignet, da ein Übertragen per Hand viel zu aufwendig und ungenau wäre.

Abpausen

Sie legen Transparentpapier auf den Vorlagebogen und zeichnen sämtliche Umriß- und Innenlinien des Motivs nach. Dann befestigen Sie einen Bogen Graphitpapier mit Klebestreifen auf dem Holz und kleben das Transparentpapier mit dem abgepausten Motiv darüber.
Jetzt müssen Sie nochmals mit leichtem Druck auf allen Linien entlangfahren. Damit auch wirklich keine vergessen wird, ist es sinnvoll, einen Buntstift zu verwenden. So läßt sich genau erkennen, welche Linien schon nachgezeichnet wurden und welche nicht.
Fertig? Kein Eckchen vergessen? Dann können Sie beide Bogen entfernen. Das gewünschte Motiv ist nun auf Ihrer Holzplatte mit allen Details zu sehen.

Schablonen herstellen

Besorgen Sie sich etwas festere, durchsichtige Folie im Schreibwarenbedarf. Auch alte Folienschnellhefter sind gut geeignet, wenn die Folie nicht zu dünn ist. Legen Sie die Folie auf das Motiv und zeichnen Sie alle Umrisse und Innenlinien mit einem wasserfesten, feinen Filzstift nach.
Wenn Sie das aufgezeichnete Motiv jetzt sorgfältig ausschneiden, haben Sie eine dauerhafte Schablone, die Sie nur noch auf das Holz legen und mit einem Bleistift umfahren müssen. Die Innenlinien zeichnen Sie freihändig ein. Sie können aber auch einen Bogen Graphitpapier unter die Folienschablone auf das Holz legen und die Innenlinien mit einer leeren Kugelschreibermine nachziehen.
Bei dieser Methode bleibt die Vorlage vollkommen sauber und ohne Bleistiftabdrücke erhalten.

Direktübertragung

Dies ist die schnellste Methode, ein Motiv von der Vorlage zu übertragen!
Legen Sie dafür einen Bogen Graphitpapier auf das Holz und darüber die Originalvorlage. Befestigen Sie beides mit Klebestreifen und ziehen Sie mit einem Buntstift alle Linien nach. Haben Sie auch keine vergessen? Dann können Sie Graphitpapier und Vorlage wieder entfernen. Das Motiv ist auf dem Holz zu sehen.
Nachteil: Nach einigen Übertragungen ist Ihre Originalvorlage nicht mehr zu gebrauchen.

Wie spannt man das Sägeblatt ein?

Lösen Sie zunächst die beiden Flügelschrauben an Ihrem Laubsägebogen. Jetzt können Sie das Sägeblatt lose einlegen – die Sägezahnspitzen müssen nach unten zum Sägegriff zeigen. Ziehen Sie nun die untere Flügelschraube an. Drücken Sie danach den Sägebogen ein wenig zusammen.
Nachdem Sie die obere Flügelschraube angezogen haben, ist das Sägeblatt fest eingespannt.

Das muß man beim Sägen beachten

Unerläßlich bei feinen Sägearbeiten ist ein *Sägetischchen.* Es wird mit einer Schraubzwinge an der Tischkante befestigt. Während des Sägens halten Sie den Unterarm seitlich vom Körper. Die Hand umfaßt den Griff und führt die Säge ohne großen Druck senkrecht auf und ab. Der Sägebogen wird dabei waagerecht und parallel zum Unterarm gehalten.
Um Ecken, Kurven oder enge Winkel sägen zu können, bewegen Sie den Bogen auf der Stelle auf und ab.
Dabei drehen Sie grundsätzlich nur das Holz, niemals die Säge, langsam in die gewünschte Richtung.

Wie macht man Innenausschnitte?

Um mitten aus einem Motiv ein Stück heraussägen zu können, müssen Sie zuerst ein kleines Loch in das auszusägende Teil bohren. Dann lösen Sie die obere Flügelschraube an Ihrem Sägebogen und stecken das jetzt lose Sägeblatt von unten nach oben durch das Loch. Sägeblatt wieder einspannen und festschrauben. Nun können Sie das Teil ohne Probleme aussägen.
Danach lösen Sie das Sägeblatt wieder und ziehen es nach unten heraus.

Schmirgeln muß sein!

Eine unerläßliche Arbeit vor dem Bemalen ist sorgfältiges Schmirgeln. Benutzen Sie dafür Schleifpapier oder einen Schmirgelschwamm. Deren Körnung beeinflußt die Feinheit der Oberflächenstruktur. Für die in diesem Buch vorgestellten Arbeiten wird im allgemeinen eine Körnung von 180 bis 240 ausreichen. Schmirgeln Sie grundsätzlich nach außen, in Richtung Sägekante! Achten Sie darauf, daß der letzte Feinschliff in Maserrichtung erfolgt. Sollten Sie beim Schmirgeln einige Innenlinien »wegradiert« haben, so nutzen Sie die unter »Direktübertragung« (siehe Seite 10) erklärte Technik, um sie für die Bemalung wieder einzuzeichnen.

Löcher bohrt man so

Löcher müssen sehr häufig und in den verschiedensten Durchmessern gebohrt werden. Egal, ob groß oder klein, immer besteht die Gefahr, daß sie auf der Rückseite stark ausfransen.
Um diesem Malheur zu entgehen, empfiehlt es sich, grundsätzlich ein Stück Abfallholz an der Bohrstelle unter Ihr Werkstück zu legen.

Wie baut man ein Mobile zusammen?

Alle hängenden Teile müssen zunächst ausbalanciert werden. Dazu nehmen Sie eine Pinzette und halten mit ihr das fertig bemalte Motiv am äußeren Rand locker fest. Es muß noch pendeln können. Durch Versetzen der Pinzette finden Sie sehr schnell den Schwerpunkt heraus. An dieser Stelle bohren Sie dann das Loch. Durch das Loch führen Sie den Faden, mit dem das Motiv am Tanzstab befestigt wird. Auch dieser muß ausbalanciert werden. Bauen Sie ein Mobile grundsätzlich von unten nach oben zusammen! Andernfalls könnte es Ihnen passieren, daß Sie einen Tanzstab nicht mehr waagerecht ausbalancieren können, ohne daß die daran hängenden Teile mit anderen kollidieren.
Die Fäden, die die Tanzstäbe tragen, fixieren Sie erst ganz zum Schluß mit einem Tropfen Sekundenkleber.

So halten Sie den Sägebogen richtig.

Sägeblatt oben wieder einspannen, Innenteil heraussägen.

Gestaltung

Naturbelassen oder bunt bemalt?

Grundsätzlich könnten Sie jedes in diesem Buch gezeigte Modell in seiner natürlichen Holzoberfläche belassen. Holz hat, bedingt durch Farbe und Maserung, seine eigene Wirkung, die durch einen Auftrag mit farblosem Bienenwachs noch verstärkt werden kann.
Ein aus Massivholz gearbeiteter, naturbelassener Lichtermond beispielsweise paßt sich jeder Einrichtung an. In dieser Ausführung ist er auch als Geschenk für Erwachsene sehr gut geeignet. Ein Kind dagegen wird stets ein farbenfrohes Mobile o. ä. bevorzugen!
Überlegen Sie deshalb gut, welchem Zweck Ihr Werkstück dienen bzw. wer es bekommen soll!

Beizen – wie macht man das?

Einfarbig beizen

Tragen Sie die Beize mit einem dicken, weichen Pinsel zügig auf Vorderseite, Rückseite und Kanten des gut entstaubten Werkstückes auf. Stellen Sie jetzt das gebeizte Teil senkrecht auf Küchenkrepp ab. Vor der Weiterverarbeitung gründlich trocknen lassen!

Beizen in Aquarelltechnik

Die Arbeitsweise entspricht genau der oben beschriebenen für einfarbiges Beizen. Allerdings tragen Sie hier nicht nur eine einzige, sondern mehrere, farblich verschiedene Beizen neben- bzw. übereinander naß in naß auf. Halten Sie die Laubsägearbeit dabei waagerecht. Erst wenn die Beize in das Holz eingezogen ist, dürfen Sie sie senkrecht abstellen!
Möchten Sie nicht so intensive, sondern eher zarte Pastelltöne erreichen, feuchten Sie Ihr Werkstück vor dem Beizen mit etwas Wasser an. Tragen Sie in jedem Fall nur soviel Wasser und Beize auf, wie das Holz aufsaugen kann. Die Beizflüssigkeit darf nicht darauf »stehen«. Die einzelnen Farben würden sonst unkontrollierbar ineinanderlaufen.

So werden Augen und Punkte gemalt

Natürlich können Sie Augen und auch größere Punkte mit Bleistift vorzeichnen und dann ausmalen. Es gibt aber auch eine viel simplere Methode, die nach etwas Übung zu wesentlich saubereren Ergebnissen führt:
Im Bastelgeschäft bekommen Sie ein Sortiment »Augenstempel« für Porzellanpuppen. Diese »Stempel« haben verschiedene Durchmesser. Um ein Auge zu malen, tauchen Sie einen größenmäßig passenden Stempel in weiße Farbe. »Drucken« Sie die Farbe auf Ihr Motiv. Wenn sie trocken ist, nehmen Sie einen kleineren Stempel mit schwarzer Farbe und drucken damit die Pupille. Jetzt noch mit einer dünnen, schwarzen Linie umranden, einen kleinen, weißen Lichtpunkt setzen – schon ist das Auge fertig!
Ein zusätzlicher Vorteil: Augen und Punkte sind immer ganz exakt rund und außerdem gleich groß.

Wichtige Hinweise

Wenn nicht anders angegeben, werden Vorder- und Rückseiten gleich bemalt.
Ist die Bemalung fertig und getrocknet, ziehen Sie sämtliche Innenlinien ganz zart mit schwarzer Bastelfarbe nach. Der Unterschied zu dem gleichen Motiv ohne eingetragene Innenlinien ist unübersehbar! An der in der Vorlage mit einem Kreuz gekennzeichneten Stelle bohren Sie in Ihr Werkstück ein Loch. Gepunktete Flächen werden herausgesägt.

Grundbauweisen Windspiele

Die meisten Windspiele in diesem Buch funktionieren nach den unten beschriebenen Bauweisen. Einige wenige sind ganz individuell zusammengesetzt – deren Aufbau wird dann in der jeweiligen Anleitung genau erklärt.

Objekte mit seitlichen Flügeln

Für diese Bauweise benötigen Sie ein Rundholz, eine Quadratleiste, zwei Schrauben mit abgesetztem Schaft, eventuell einige Unterlegscheiben und Sperrholz für die Flügel. Beim Anbringen der Achse haben Sie zwei Konstruktionsmöglichkeiten: Sägen Sie vom Rundholz, das als Zwischenstück zwischen Körper und Flügel fungiert, zwei gleich lange Stücke ab. Die Länge können Sie beliebig wählen, sie sollte nur zur Größe des Objekts passen. Es müssen in jedem Fall 1,5 cm sein, damit genügend Spielraum für die Flügel bleibt. Dort, wo die Flügel sitzen sollen, kleben Sie auf jeder Seite der Figur ein Rundholzstück an. Sie können aber auch an der für die Flügel vorgesehenen Stelle ein Loch in die Figur bohren. Der Durchmesser des Loches muß dem Durchmesser des Rundholzes entsprechen. Das Rundholz wird durch das Loch geschoben und dann eingeleimt. Sägen Sie es so zurecht , daß auf jeder Seite mindestens 1,5 cm herausschauen. Der weitere Zusammenbau gilt für beide oben erwähnte Möglichkeiten.
Trennen Sie von der Quadratleiste zwei gleich lange Stücke ab, je nach Motiv 2,5 cm oder mehr. In die Enden sägen Sie diagonal etwa 1 cm tiefe Schlitze. Die Breite der Schlitze entspricht der Dicke der Flügel, die in die Schlitze geleimt werden.
Zum Einsetzen der Schraube in die Quadratleiste ist eine Bohrung durch die Mitte der Leiste erforderlich. Falls sich der Flügel auf der Schraubenachse nach dem Eindrehen nicht frei bewegen sollte, schafft eine Unterlegscheibe zwischen Rundholz und Quadratleiste Abhilfe. Das Ganze wiederholen Sie auf der anderen Seite der Figur.
Ein Hinweis: Statt des Rundholzes können Sie auch eine Holzperle mit 14 mm Durchmesser benutzen. In diesem Fall drehen Sie die Schraube durch das Loch in der Perle und dann direkt in das Werkstück.

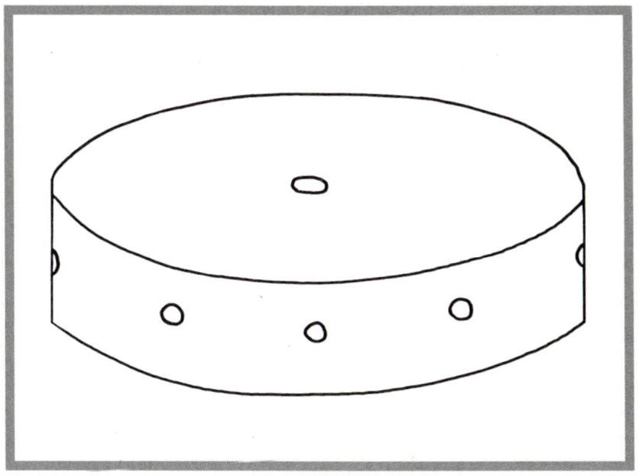

So sieht ein Flügelrad aus. Die Löcher sind bereits gebohrt. Sie können Flügelräder mit unterschiedlich vielen Löchern bekommen.

Motive mit Flatterbändern

Windspiele mit Flatterbändern sind auch von Kindern leicht nachzuarbeiten. Lediglich beim Löcherbohren muß ein Erwachsener Hilfestellung leisten. Es gibt zwei Möglichkeiten, die bunten Bänder anzubringen:
1. Bohren Sie in die noch unbemalte Figur so viele Löcher wie Sie Bänder haben möchten. Erst dann tragen Sie Lack oder Lasur auf. Dabei die Innseiten der gebohrten Löcher nicht vergessen! Nach dem Trocknen brauchen Sie nur noch die Bänder anzuknoten.
2. Statt der Bohrlöcher können Sie in die Sägekante mehrere Schrauhösen eindrehen. In diesen Ösen werden dann die Bänder befestigt.

Konstruktionen mit Wetterpfeil

In diesem Fall soll sich das Motiv selbst um seine eigene Achse drehen. Verschiedene Konstruktionsmöglichkeiten stehen dafür zur Auswahl.

1. Ganz einfach und unkompliziert ist folgende Methode: Bohren Sie an der für die Haltestange vorgesehenen Stelle ein Loch von mindestens 3 cm Tiefe in Ihr Werkstück. Der Durchmesser des Lochs muß 1 bis 2 mm größer sein als der Durchmesser der Haltestange. Die Stange kann aus Holz oder Metall sein, Aluminium wäre ideal. Sie wird einfach in das Bohrloch gesteckt. Fertig! Einziger Nachteil: da die Reibung ziemlich groß ist, muß der Wind, der das Objekt bewegen soll, recht stark sein.
2. Sie machen alles wie eben beschrieben, schlagen jedoch in das gebohrte Loch einen Nagel mit einem im Durchmesser passenden, flachen glatten Kopf ein. Dadurch ist die Reibung geringer. Ein Haltestab aus Metall ist auch hier besser geeignet als ein Holzstab.
3. Diese Möglichkeit ist die aufwendigste, aber auch haltbarste. Die ersten Arbeitsgänge entsprechen den bereits erwähnten. Zusätzlich drücken Sie in das gebohrte Loch eine Messing- oder Aluhülse, die in Durchmesser und Länge der Größe des Lochs entspricht. Als Drehstange benutzen Sie einen Metallstab oder eine Stricknadel. (Reicht die Länge der Stricknadel nicht aus, bohren Sie ein Loch in eine Rundholzstange, knipsen die Spitze der Nadel ab und kleben das stumpfe Ende in das gebohrte Loch.) Jetzt noch einen Tropfen Öl in die Hülse und Ihr Windspiel läuft wie geschmiert. Die Metallhülse verhindert, daß das Holz aufquillt, was die Drehfähigkeit des Werkstücks beieinträchtigen würde. Bei den unter 1. und 2. genannten Bauweisen ist deshalb meist ein Nachbohren notwendig.
4. Abschließend noch eine sehr einfache Bauweise, die jedoch auch kostspieliger ist. Sie benötigen dafür nämlich einen massiven Stab und eine Röhre aus Messing bzw. Aluminium. Röhre und Stab müssen gleich lang sein. Wählen Sie den Durchmesser beider Teile so, daß der Stab in die Röhre paßt und noch ein wenig Spielraum hat. Verschließen Sie die Röhre am Ende mit einem Stück Rundholz. Dadurch rutscht der Stab etwas höher und schaut aus der Röhre heraus. Bohren Sie in Ihr Windspiel ein Loch und kleben Sie den Stab darin fest. Gelegentlich einen Tropfen Öl an den Stab – das ist schon alles!

Propeller und Co.

Die Herstellung eines Propellers ist identisch mit dem Bau seitlicher Flügel. Ein Propeller ist nichts weiter als ein einziger Flügel.

Befestigung und Beweglichkeit der Windspiele sichern

Für die Fotoaufnahmen waren nicht alle Windspiele in der optimalen (und etwas kostspieligeren Art) auf Alu-Röhren montiert. Es empfiehlt sich aber, vor allem an windexponierten Standorten, alle nur auf Holzstäbe montierten Objekte in ein passendes Metallrohr zu stecken. Das stabilisiert sie und macht sie drehfähiger.
Dazu die Figur auf eine Unterlagscheibe-Holzperle-Unterlagscheibe-Kombination setzen, Sie stellt sich dann leichtgängig und richtig so in den Wind , daß besonders die großflächigen Figuren dem Wind keine seitliche Angriffsfläche mehr bieten.

Hampel-Pinguin

Übermütig kommen die kleinen Pinguine hervorgesprungen, wenn an der Schnur gezogen wird.

Das wird gebraucht

Holz, 6 mm dick
Schaschlikspieß
8 Holzperlen, Ø 8 mm
1 Holzperle, Ø 12 mm
1 Holzperle, Ø 6 mm
reißfeste Schnur

So wird's gemacht

Jedes Teil, z.B. Arm, Bein oder Flügel, welches Später hampeln soll, benötigt zwei Löcher: eins als „Gelenk" und eins für den Zugfaden. Für die Verbindung der Gliedmaßen mit dem Körper tun Sie folgendes:
Verbinden Sie die Körperteile mit einem Rundstab (z.B. Schaschlikspieß, Zahnstocher), indem Sie vorn und hinten eine Holzperle aufkleben. Achten Sie auf genügend Bewegungsfreiheit der Teile.

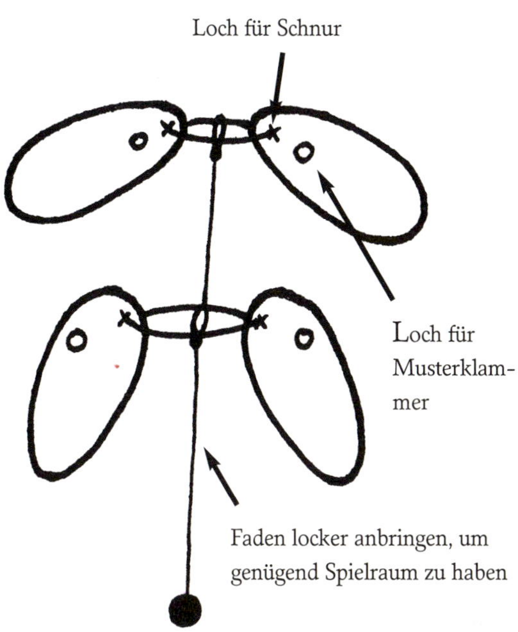

Die Verbindung der hampelnden Gliedmaßen untereinander wird mit einer dünnen, reißfesten Schnur hergestellt. Verbinden Sie zuerst die Arme miteinander und dann die Beine. Die Länge der Verbindungsfäden ist richtig, wenn die Gliedmaßen locker herunterhängen. Jetzt knoten Sie die Zugschnur an die obere Verbindung (Arme), führen sie locker zur unteren Verbindung (Beine) und knoten sie dort ebenfalls fest. Beachten Sie dazu die Abbildung auf der Vorlage. Nun wird noch eine Perle oder ein Glöckchen an die Zugschnur geknotet. Fertig!

Vorlagen siehe Seite 62/63

Fischmobile

Ein interessanter Effekt ergibt sich, wenn die Augen auf noch nicht völlig durchgetrocknete Beizen gestempelt werden: Je nach Grundfarbe des Fisches verfärben sie sich pastellblau, pastellgrün usw., was durchaus der natürlichen Augenfarbe von Fischen entspricht.

Das wird gebraucht

Sperrholz, 6 mm und 8 mm dick
Holzbeize, rot, gelb, grün, blau, orange und violett
Bastelfarben, schwarz und weiß
Samtfaden, hellblau
Holzperlen, ⌀ 10 mm, in verschiedenen Farben
Peddigrohr, 1,50 m, ⌀ 3 bis 4 mm
6 blaue Holzperlen, ⌀ 14 mm

So wird's gemacht

Der große Fisch wird in Aquarelltechnik gebeizt. Die kleinen Fische einfarbig in Rot, Blau, Gelb usw. beizen.
Alles gut trocknen lassen und dann die Augen – bei dem großen Fisch auch die Innenlinien – malen.
Das Peddigrohr mittels Tauchen oder Pinseln blau beizen.
Der Zusammenbau des Mobiles beginnt mit den beiden unteren Fischen. Dafür die Fische, wie auf Seite 11 beschrieben, ausbalancieren und in das Loch ein etwa 10 bis 15 cm langes Stück Samtfaden einknoten.
Zur Verzierung kann vorher noch eine 10 mm-Perle in beliebiger Farbe aufgezogen werden.
Jetzt ein etwa 20 cm langes Stück Peddigrohr an beiden Enden mit einer blauen Perle versehen. Einen Faden mit Fisch rechts, den anderen links direkt neben der Perle am Peddigrohr anknoten.

Hinweis: Bei allen folgenden Arbeitsgängen sind die Längen für Peddigrohr und Samtfaden durch Probieren zu ermitteln! Auf keinen Fall dürfen sich die Fische gegenseitig berühren oder an das Peddigrohr stoßen.

Dann ein Stück Samtfaden etwa in der Mitte des Peddigrohres anknoten und durch Verschieben ausbalancieren. Eine 10-mm-Perle aufziehen. Am oberen Ende des Fadens ebenfalls ein Stück Peddigrohr befestigen.
Wiederum rechts und links eine 14-mm-Perle auf die Enden kleben und je einen Fisch anknoten. Perlen aufziehen nicht vergessen!
Der weitere Zusammenbau erfolgt stufenweise wie oben beschrieben.
Zum Schluß nochmals die Fäden an den Peddigrohren ausbalancieren, so daß alle Rohre waagrecht hängen! Die richtige Position sofort mit Sekundenkleber fixieren! Am obersten Peddigrohr ein Stück Samtfaden anknoten, eine Perle aufziehen, durch das gebohrte Loch an der unteren Flosse des großen Fisches ziehen und festknoten. Den großen Fisch ausbalancieren, durch das Loch einen Samtfaden ziehen, verknoten und aufhängen.

Vorlagen siehe Seite 80

Das wird gebraucht

Sperrholz, 6 mm dick
Bastelfarben, schwarz, weiß und nach Ihrer Wahl
Holzbeize, hellbraun
Samtfaden, rot
Einige bunte Holzperlen, ∅ 10 mm

Vorlagen siehe Seite 84/85

So wird's gemacht

Den Teddy beizen Sie hellbraun. Mit Bastelfarben werden der Heißluftballon und nach dem Trocknen auch der Teddy bemalt. Bohren Sie jetzt die Löcher von 2 mm Durchmesser und verbinden Sie Heißluftballon und Teddy miteinander. Denken Sie daran, einige Perlen aufzuziehen! Nun nur noch den Aufhängefaden anbringen.

Türschild

Durch die Blume gesagt wird hier, wer oder was sich hinter dieser Tür verbirgt.

Material

Sperrholz, 3 mm dick, 5 x 11 cm
Sperrholz, 7 mm dick, 15 x 25 cm
Sperrholz, 12 mm dick, 15 x 23 cm
1 Rundholz, 4 mm ∅, 36 cm lang
Farben in Braun, Gelb, Schwarz, Grün
Klarlack
2 Stiftnägel
Bast
doppelseitiges Klebeband oder Nägel

Hilfsmittel

Bohrer, 4 mm ∅
Hammer

Vorlagen siehe Seite 62/63

So wird's gemacht

Sägen Sie die Blüten und Blätter laut Vorlage aus dem 7 mm dicken Sperrholz aus. Bohren Sie für die Rundhölzer Vertiefungen in die Blüten; die Blätter durchbohren Sie ganz. Das Rundholz in je einmal 9 cm, 13 cm und 14 cm lange Stücke sägen und jeweils eine Blüte aufleimen. Auf die beiden längeren Rundhölzer schieben Sie die Blätter und fixieren sie mit einem Tropfen Leim.
Für den Topf sägen Sie Gefäß und Rand aus 12 mm dickem Sperrholz aus, bohren die Löcher für die Blumenstiele und leimen beide Teile paßgenau aufeinander. Das Namensschild wird aus dem 3 mm dicken Sperrholz gesägt. Bemalen Sie nun alle Teile wie auf dem Foto oder nach eigenen Vorstellungen.

Bevor Sie den Namenszug mit dem Pinsel oder Lackstift auf das Schild schreiben, lackieren Sie dieses zuvor mit Klarlack, damit die Farbe nicht verläuft. Die Blumenstiele leimen Sie in die Bohrungen des Topfes. Das Namensschild wird mit zwei Stiftnägeln auf dem Topf befestigt. Binden Sie nun noch eine Schleife aus Bast um einen Blumenstiel.
Mit doppelseitigem Klebeband oder Nägeln wird das Türschild an der Tür oder Hauswand befestigt.

Dawidowski

Dreh-Teddy

Das wird gebraucht

Sperrholz, 4 mm dick
Holzbeize, blau, rot und grün
Bastelfarben, gelb, schwarz und weiß
Dickschichtlasur
Sternzwirn, in der Farbe Ihrer Wahl
Samtfaden, grün

So wird's gemacht

Den Kopf beizen Sie rot, den Bauch blau und die Beine grün. Das Gesicht und andere Details malen Sie, sobald die Beize trocken ist. Zwischenanstrich mit Dickschichtlasur nicht vergessen! Danach bohren Sie, wie in der Vorlage angegeben, die Löcher von 2 mm Durchmesser. Ziehen Sie den Sternzwirn hindurch und verknoten ihn so, daß sich alle Körperteile noch frei drehen können.
Nun noch den Samtfaden zum Aufhängen anbringen, und der Dreh-Teddy ist fertig.

Vorlagen siehe
Seite 81

»Schnuti«, der fleißige Hase

Das wird gebraucht

Übertragungszubehör
Grundausstattung
Sperrholz, 20 mm dick
Beize, braun, grün und gelb
Bastelfarben, schwarz, weiß und rot
Pinsel und Wassergefäß
Holzleim

Für das Tablett

Sperrholz, 20 x 10 cm, 4 mm dick
Holzleiste, 20 x 4 mm, 70 cm lang

So wird's gemacht

Nach den Vorarbeiten beizen Sie »Schnuti« braun, das Gras in Aquarelltechnik (siehe Seite 12) gelb, grün und braun. Nach dem Trocknen der Beize malen Sie »Schnuti's« Gesicht.
Für das Tablett sägen Sie die Leiste in entsprechend lange Stücke und kleben sie als Rand an die 20 x 10 cm große Platte. Jetzt kann es gelb gebeizt und, wenn es trocken ist, auf die Hasenohren geklebt werden. Damit das fleißige Häschen nicht umkippen kann, kleben Sie je ein Grasteil vorn und hinten gegen seinen Bauch.
Ein wenig Ostergras und viele bunte Eier auf dem Tablett lassen alle Kinderherzen höher schlagen!

Vorlagen siehe
Seite 86/87

Igelfamilie

Das wird gebraucht

Massiv- oder Sperrholz, 20 mm dick
Dickschichtlasur oder Bootslack, je nach verwendeter Holzart
Bastelfarben, schwarz und weiß
Beize, rot, gelb, grün, blau und braun
Rundholz, ⌀ 8 mm, in beliebiger Länge

Vorlagen siehe
Seite 90/91

So wird's gemacht

Beginnen Sie mit dem Auftragen der Beize. Bei den abgebildeten Igeln sind die verschiedenen Beizen streifenweise neben- bzw. übereinandergemalt. Lassen Sie alles gut trocknen und malen Sie jetzt Augen, Nase, Mund und Stacheln.
Dann bohren Sie in die Kante unterhalb des Bauches jedes einzelnen Igels ein Loch von 8 mm Durchmesser und stecken das Rundholz hinein.
Je nach Holzart tragen Sie abschließend Dickschichtlasur oder Bootslack als Wetterschutz auf.

»Quacks und Quarcks« am Gartenteich

Das wird gebraucht

Massiv- oder Sperrholz, 20 mm dick
Dickschichtlasur oder Bootslack
Bastelfarben, schwarz, weiß, gelb und rot
Beize, grün und gelb
Rundholz, ∅ 6 mm, in beliebiger Länge

So wird's gemacht

»Quacks und Quarcks« werden vollständig grün gebeizt. Noch während die grüne Beize feucht ist, tupfen Sie im Bauchbereich etwas Gelb auf.
Nach dem Trocknen der Beize und dem Zwischenanstrich mit Dickschichtlasur malen Sie mit Bastelfarben Augen, Mund und die gelben, schwarz umrandeten Punkte an den Füßen. Wenn auch diese Farben getrocknet sind, bohren Sie zwischen den Beinen der Frösche ein Loch von 6 mm Durchmesser und befestigen darin je ein Rundholz. Gartentauglich werden die beiden durch einen abschließenden Anstrich mit Dickschichtlasur bzw. Bootslack.

Vorlagen siehe Seite 78/79

Stiefmütterchen

Wenn diese hübschen Blumen auf dem Fenstersims stehen, wird bestimmt so manch dicker Brummer angelockt.

Material

Vorlagen siehe Seite 66

Sperrholz, 7 mm dick, 20 x 23 cm
Rundholz, 5 mm ∅, 26 cm lang
Lack in Blau, Weiß, Grün, Gelb

Hilfsmittel

Bohrer, 5 mm ∅

So wird's gemacht

Sägen Sie die Blüte zweimal, jede Blattform einmal aus dem Sperrholz aus. Das Rundholz sägen Sie in ein 6 cm langes und ein 20 cm langes Stück. Bohren Sie eine Blüte vor, wie in der Vorlage gekennzeichnet, und leimen Sie das 20 cm lange Stück Rundholz in die Bohrung. Das Stiefmütterchen sieht inmitten einer Grünpflanze sehr dekorativ aus.
Die zweite Blüte wird in der Blütenmitte schräg angebohrt. Setzen Sie dazu den Bohrer zunächst senkrecht auf, und neigen Sie ihn dann beim Bohren leicht. In das entstandene Bohrloch wird das 6 cm lange Rundholz geleimt. Blatt B zunächst bohren und anschließend mit Teil C zusammenstecken. Eventuell einen Tropfen Leim dazwischen geben. Den kurzen Blütenstiel leimen Sie in die Bohrung der Blätter. Zum Schluß die Stiefmütterchen nach Abbildung bemalen.

Ostergirlande

Osterschmuck für Türen und Schränke einmal anders.

Material

Sperrholz, 4 mm dick, 18 x 20 cm
Holzbeizen in Hellbraun, Orange, Gelb, Blau
Bindedraht
Bast in Grün

Hilfsmittel

Bohrer, 3 mm ∅
Seitenschneider

Vorlagen siehe Seite 69

So wird's gemacht

Sägen Sie die Formen entsprechend der in der Vorlage angegebenen Anzahl aus. Bohren Sie die Löcher für die Drahtverbindungen und in jede Möhre oben ein Loch für das Kraut. Bemalen Sie nun alle Teile entsprechend der Abbildung oder nach Ihren eigenen Vorstellungen. Für diesen Arbeitsvorgang ist es ganz hilfreich, durch jedes Teil ein Stück Bindedraht zu fädeln und zur Öse zu biegen. So können Sie alles zum Trocknen an ein Rundholz oder einen Kochlöffel hängen.
Wickeln Sie den grünen Bast einige Male um zwei Finger Ihrer Hand, und schneiden Sie das Gewickelte an einer Seite auf. Kleben Sie in jede Möhre ein Bastbüschel ein. Mit etwa 7 bis 8 cm langen Drahtstücken verbinden Sie nun die Motive locker miteinander.
An den Drahtenden biegen Sie noch etwas größere Drahtösen zum Aufhängen um.

Die äußeren Drahtösen können Sie mit drei bis vier Naturbastfäden, die Sie zuvor zu Schleifen binden, verzieren.

Marienkäfer

Auch die Marienkäfer sind aus ihrer Winterruhe erwacht und kribbeln und krabbeln nun überall herum.

Material für zwei Tiere

Vorlagen siehe Seite 66

Sperrholz, 7 mm dick, 7 x 22 cm
Rundholz, 4 mm ∅, 36 cm lang
Farben in Rot, Schwarz, Blau
6 Holzfüße, 12 x 5 mm (erhältlich im Bastelgeschäft)
Jutekordel, 15 cm lang

Hilfsmittel

Bohrer, 3 mm und 4 mm ∅

So wird's gemacht

Sägen Sie die Käfer je einmal aus. An den in der Vorlage gekennzeichneten Stellen bohren Sie für den Stab jeweils ein Loch mit 4 mm Durchmesser. Käfer A erhält außerdem für die Beine drei Löcher mit jeweils 3 mm Durchmesser. Nun sägen Sie das Rundholz in zwei Teile und leimen die Stücke in die Bohrungen am Bauch der Käfer. Bemalen Sie die Käfer entsprechend der Abbildung.
Von der Jutekordel schneiden Sie drei Stücke von je 5 cm Länge ab und fädeln diese durch die Bohrungen in Käfer A. An jedes Kordelende kleben Sie einen Fuß.

Zwei Hasen

Diese beiden frechen Kerle klettern überall hoch, ob am Bücherregal, Schrank oder sogar am Türrahmen.

Material

Sperrholz ,12 mm dick, 28 x 30 cm
Sperrholzrest, 9 mm dick
2 Stiftnägel
Farben in Blau, Rot, Gelb, Schwarz, Weiß, Pink

Hilfsmittel

Hammer

So wird's gemacht

Vorlagen siehe Seite 70/71

Übertragen Sie die Hasen vom Vorlagenbogen je einmal auf das Sperrholz. Zusätzlich sägen Sie aus dem Sperrholzrest ein Rechteck von 5 cm mal 6 cm aus. Die gestrichelte Markierung auf der Vorlage des Hasen B zeigt die Ansatzstelle für das Reststück. Mit Stiftnägeln und Leim wird es auf der Rückseite des Hasen befestigt.
Nun können Sie die beiden Hasen bemalen. Hase A wird von beiden Seiten vollständig bemalt; so kann er mal von rechts nach links oder von links nach rechts klettern.

Huhn als Pflanzenstecker

Ob das blau-weiße Huhn wohl auch Frühstückseier legen kann?

Material

Sperrholz, 15 mm dick, 20 x 22 cm
Sperrholz, 7 mm dick, 14 x 16 cm
Rundholz, 8 mm ∅, 35 cm lang
Farben in Blau, Weiß
Lackstift in Schwarz
Bindedraht

Hilfsmittel

Bohrer, 3 mm und 8 mm ∅

So wird's gemacht

Sägen Sie das Huhn einmal aus dem 15 mm dicken, den Flügel zweimal aus dem 7 mm dicken Sperrholz aus, und bohren Sie an den in der Vorlage gekennzeichneten Stellen die Löcher. Für die Befestigung der Flügel bohren Sie mit dem 3-mm-Bohrer, für das Rundholzloch mit dem 8-mm-Bohrer.
Bemalen Sie die Einzelteile entsprechend der Abbildung. Das Rundholz in die Bohrung am Bauch leimen und lackieren. Die Flügel werden mit Bindedraht am Körper befestigt (siehe Skizze).

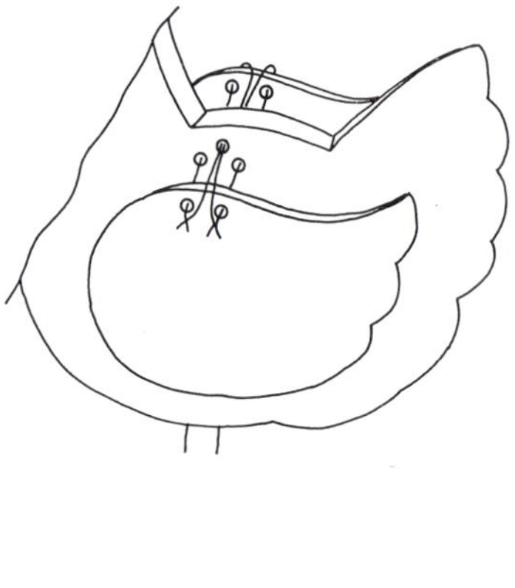

Befestigung der Flügel mit Bindedraht.

Vorlagen siehe Seite 69

Zwei kleine Enten

Die beiden Schnatterenten haben sich offenbar viel zu erzählen..

Material

Sperrholz, 12 mm dick, 23 x 23 cm (für Enten)
Sperrholz, 7 mm dick, 9 x 11 cm (für Standfläche)
Rundholz, 6 mm ∅, 22 cm lang
Farben in Blau, Gelb, Grün
2 Stiftnägel
Stoff, 14 x 20 cm
Schleifenband, 80 cm lang

Hilfsmittel

Holzbohrer, 6 mm ∅
Hammer
Stoffschere

So wird's gemacht

Sägen Sie die beiden Enten und die Grundplatte entsprechend der Vorlage aus. Die Steckente bekommt eine Bohrung für das Rundholz, die Sitzente wird mit den Stiftnägeln und Leim auf der Grundplatte befestigt. Bemalen Sie beide Tiere entsprechend der Abbildung.
Den Flügel viermal (zweimal seitenverkehrt) aus dem Stoff ausschneiden. Streichen Sie den Stoff von links gleichmäßig und dünn mit Leim ein, und kleben Sie die Flügel auf die Enten.
Zum Schluß erhält jede Ente noch eine hübsche Schleife um den Hals.

Vorlagen siehe Seite 68

Kükenparade

In Reih und Glied marschieren hier die kleinen Küken. Hoffentlich fällt „Hans guck in die Luft" nicht auf den Schnabel.

Material für vier Küken

Sperrholz, 8 mm dick, 20 x 40 cm
Rundholz, 5 mm ∅, 60 cm lang
Farben in Weiß, Schwarz, Gelb
Schleifenband, breit, 40 cm lang
Schleifenband, schmal, 100 cm lang

Hilfsmittel

Bohrer, 5 mm ∅

So wird's gemacht

Übertragen Sie je Küken den Körper einmal und den Fuß zweimal auf das Sperrholz. Bohren Sie die Löcher an den in der Vorlage gekennzeichneten Stellen in den Körper und in die Fußteile. Alle Teile schmirgeln und entstauben.
Für die Beine sägen Sie pro Tier zwei Rundhölzer von 7 cm Länge zurecht und leimen diese in Körper und Fußteile ein. Bemalen Sie die Küken nun entsprechend der Abbildung.
Zum Schluß verzieren Sie die muntere Kükenschar noch mit den Schleifenbändern. Sie benötigen für jedes Tier 10 cm vom breiten und 25 cm vom schmalen Band. Legen Sie das schmale Band um den Kükenhals und binden es zur Schleife. Dabei fassen Sie das breite Band dazwischen.

Mit dem blau-weißen Huhn von Seite 30 können Sie eine kleine Hühnerfamilie zusammenstellen. Stimmen Sie dann die Farben der Küken und des Huhns aufeinander ab.

Vorlagen siehe
Seite 62

Träumerle

Das wird gebraucht

Sperrholz, 6 mm dick
Bastelfarben
Samtfaden
4 Holzperlen, ∅ 8 mm
Pinzette

So wird's gemacht

Bei diesem Mobile werden bewußt keine Farbangaben gemacht. Passen Sie die Bekleidung des Sandmännchens sowie Samtfaden und Holzperlen der Kinderzimmereinrichtung an. Zeichnen Sie als erstes die Innenlinien ein. Bemalen Sie das Sandmännchen und die Sterne nach Ihrem Geschmack.
Wenn alle Farben trocken sind, bohren Sie an den gekennzeichneten Stellen ein Loch von 2 mm Durchmesser. Die Sterne hängen Sie mit unterschiedlich langen Samtfäden an die Figur. Perlen aufziehen nicht vergessen! Mit der Pinzette ausbalancieren, Faden durch das Loch für die Aufhängung ziehen, Perle aufschieben, Samtfaden verknoten.

Vorlagen siehe
Seite 88/89

Das wird gebraucht

Sperrholz, 4 mm dick
Acryl-Lack – seidenmatt, weiß
Bastelfarben Ihrer Wahl
2 Schaschlikspieße
2 flache Holzperlen (Räder)
Sekundenkleber
Samtfaden, weiß

So wird's gemacht

Bemalen Sie die Ente zuerst weiß und dann mit den Bastelfarben. Bohren Sie an den angegebenen Stellen Löcher von 3 mm Durchmesser, stecken Sie das stumpfe Ende des Schaschlikspießes hinein und kleben Sie es fest. Auf die spitzen Enden schieben Sie je eine Perle (Rad).
Natürlich braucht die Ente zu den Skistöcken auch noch Skier. Dafür sägen Sie zwei Streifen von 10 cm Länge und 1 cm Breite, an einer Seite zugespitzt, aus. Nach dem Bemalen werden sie unter die »Stiefel« der Ente geklebt. Jetzt noch ausbalancieren und als lustiges Weihnachtsmotiv aufhängen.

Vorlagen siehe
Seite 83

Blumenkinder

Was sagen die beiden sich hier wohl durch die Blume?

Material

Sperrholz, 7 mm dick, 20 x 25 cm
Sperrholz, 10 mm dick, 4 x 17 cm
Rundholz, 4 mm ∅, 21 cm lang
Farben in Rot, Blau, Weiß, Gelb, Grün, Pink, Orange, Braun
2 Dübel, 4 mm ∅
2 Stiftnägel
2 Bastfäden

Vorlagen siehe Seite 66/67

Hilfsmittel

Bohrer, 3 mm und 4 mm ∅
Hammer
Seitenschneider

So wird's gemacht

Überlegen Sie zunächst, ob Sie die Blumenkinder an die Wand oder in ein Fenster hängen möchten. Für die Wand bekommt jedes Blumenkind nur einen Arm (der zweite würde stören). Für das Fenster sollten Sie für jedes Blumenkind zwei Arme arbeiten. Je ein Arm wird dann fest verleimt, der andere ist beweglich.

Sägen Sie die Figuren, Arme und Blumenteile aus dem 7 mm dicken Sperrholz, die Standfläche aus dem 10 mm dicken Sperrholz aus. Die Kinder werden später mit Dübeln auf der Standfläche befestigt. Bohren Sie die Löcher für den Blütenstiel und die Dübel mit dem 4-mm-Bohrer. Je einen Arm durchbohren Sie mit dem 3-mm-Bohrer.

Für die Aufhängung an der Wand wird die Blüte auf der Rückseite mit dem 4-mm-Bohrer angebohrt. Sie kann so an einen Nagel gehängt werden. Für eine Aufhängung im Fenster durchbohren Sie die Blüte mit einem 3-mm-Bohrer und ziehen hier später einen Bastfaden durch.

Nun das Rundholz in die Blüte leimen und das Blatt auf den Stiel schieben. Als nächstes bemalen Sie alle Teile und lassen sie trocknen. Die Kinder befestigen Sie mit den Dübeln und Leim auf der Standfläche, den Blumenstiel leimen Sie in die Bohrung.

Die Stiftnägel müssen mit dem Seitenschneider etwas gekürzt werden (Schutzbrille aufsetzen!). Sie werden anschließend durch die Armbohrung in den Körper eingeschlagen. Die Arme sind so beweglich.

Vogelscheuche

Im Zimmer aufgestellt, wird dieser lustige Bursche wohl kaum jemanden verscheuchen, sondern eher anlocken.

Material

Sperrholz, 10 mm dick, 17 x 22 cm
Rundholz, 6 mm ∅, 28 cm lang
Farben in Grün, Blau, Gelb, Rot, Schwarz
Klarlack
Bast
2 kleine Hemden- oder Puppenknöpfe

Hilfsmittel

Bohrer, 6 mm ∅
Heißkleber

So wird's gemacht

Nachdem Sie die Vogelscheuche ausgesägt haben, bohren Sie an den in der Vorlage gekennzeichneten Stellen die Löcher für das Rundholz und den Bast. Die Vogelscheuche bemalen Sie entsprechend der Abbildung. Leimen Sie das Rundholz in die Bohrung, und lackieren Sie es anschließend mit Klarlack. Die Knöpfe kleben Sie mit Heißkleber auf die Hose der Vogelscheuche.
Den Bast mehrmals um zwei Finger der Hand wickeln, das Gewickelte an einer Seite aufschneiden und kleine Büschel in die Bohrung der Arme und des einen Beines kleben. Einen Bastbüschel kleben Sie um das Rundholz herum.

Vorlagen siehe
Seite 70

Kühe

Nicht nur auf der Weide, sondern auch in der Küche sind die Gefleckten eine Zier...

Material für die Kuh auf der Kante

Sperrholz, 12 mm dick, 18 x 20 cm
Farben in Pink, Schwarz, Weiß
Paketschnur

Hilfsmittel

Bohrer, 5 mm ∅

So wird's gemacht

Sägen Sie den Körper und den Kopf aus 12 mm dickem Sperrholz aus, und bohren Sie in das Hinterteil der Kuh ein Loch für den Schwanz. Leimen Sie anschließend den Kopf so auf den Körper der Kuh, daß er nach unten 6 cm übersteht (siehe Vorlage).
Bemalen Sie die Kuh entsprechend der Abbildung. Für den Schwanz flechten Sie einen 14 cm langen Zopf aus Paketschnur, den Sie am Ende mit einem kleinen Knoten fixieren. Kleben Sie den Schwanz mit einem Tropfen Leim in die Bohrung.

Material für die Kuh im Milchtopf

Sperrholz, 8 mm dick, 20 x 20 cm
Farben in Pink, Schwarz, Weiß
1 emaillierter Milchtopf, 10 cm ∅
1 Glöckchen, 2 cm ∅
Kordel in Rot, 20 cm lang
Zwirnsfaden in Schwarz
eine Handvoll Heu
Schleifenband, 60 cm

Hilfsmittel

Bohrer, 3 mm ∅

So wird's gemacht

Kopf und Körper der Kuh werden einmal, alle anderen Teile zweimal aus dem Sperrholz ausgesägt. Bohren Sie an den in der Vorlage gekennzeichneten Stellen die Löcher. Nach dem Schmirgeln und Entstauben der Teile erfolgt die Bemalung.
Nachdem die Farben getrocknet sind, verbinden Sie jeweils Ober- und Unterschenkel locker mit einem Stück Zwirnsfaden. Binden Sie nun die Vorder- und Hinterbeine an den Körper der Kuh. Achten Sie darauf, daß die Verbindungsstellen nicht zu stramm sind. Die Beine sollen sich locker bewegen lassen.
Das Glöckchen fädeln Sie auf die Kordel auf und binden sie der Kuh um den Hals. Das Schleifenband um den Milchtopf binden. Nun noch das Heu in den Milchtopf, und die Kuh kann Platz nehmen.

Vorlagen siehe
Seite 74

Pieks, der Igel

Pieks hat Hunger, genüßlich futtert er seinen Apfel. Doch Vorsicht, gegen heimliche Diebe hat er seine Stacheln ausgefahren!

Das wird gebraucht

Holz, 10 mm dick
1 Rundstab, Ø 6 mm, 25 cm lang
4 Holzkugeln, Ø 30 mm
Kordel in beliebiger Länge

So wird's gemacht

Pendeln Sie den Igel solange zwischen den Fingern aus, bis Sie den Mittelpunkt gefunden haben. Der Rundstab wird exakt bis zur Hälfte durch das im Mittelpunkt gebohrte Loch geschoben. Je eine Kugel rechts und links vom Igel auf den Stab geschoben, halten ihn in dieser Position fest, evtl. zusätzlich mit dem Kleber fixieren. Die beiden anderen Kugeln leimen Sie auf die Enden des Rundstabs,wobei gleichzeitig die Kordel mit befestigt wird.

Vorlagen siehe Seite 78

Kraxel-Maxel

Max, der kleine Bär, ist ein Schleckermäulchen. Ob er wohl den Honigtopf erreicht? Er klettert nämlich an zwei senkrechten Schnüren, die man abwechselnd straff nach oben zieht. Fast noch mehr Spaß macht es aber, wenn die Figuren mit Schwung nach unten sausen, sobald man die Schnüre wieder losläßt.

Das wird gebraucht

Holz, 20 mm dick
2 reißfeste Schnüre, Länge nach Wunsch, davon etwa 20 cm als Aufhängeband
einige Holzperlen, Größe und Farbe nach Wunsch
2 Glöckchen, Ø 15 mm
1 Holzleiste, 13 cm lang, 2 cm breit, 5 mm dick

So wird's gemacht

Kleben Sie die Leiste mittig auf den Honigtopf. In die überstehenden Seiten bohren Sie je ein Loch, durch das Sie die Kletterschnüre von unten nach oben hindurchführen. Sie werden mit je einer Perle fixiert. Die Enden der Schnüre werden durch die Bärenhände geführt und ebenfalls mit Perlen und zusätzlich mit den Glöckchen fixiert. Jetzt noch das Aufhängeband anbringen – fertig. Guten Appetit, kleines Schleckermäulchen!

Vorlagen siehe Seite 75

Schlafmond

Wolken, Mond und Sterne sind beliebte Motive für Kinder jeden Alters. Dieser süße Schlafmond hat bestimmt einen besonders schönen Traum.

Das wird gebraucht

Holzreste in verschiedenen Dicken
gelbe Holzperlen, Ø 8 mm
7 Messingglöckchen, Ø 10 mm
2 Messingglöckchen, Ø 20 mm
Samtfaden, weiß
3 kleine Schraubösen

So wird's gemacht

In die große Wolke drehen Sie rechts und links je eine Schrauböse. Orientieren Sie sich an der Abbildung, wenn Sie das Schaf und die kleinere Wolke dort einhängen. Verzieren Sie die Samtfäden mit eingeknoteten gelben Perlen und Glöckchen. Die Sternchen werden verstreut auf die Wolken geklebt. Zum Schluß pendeln Sie den Schlafmond zwischen den Fingern aus und drehen an entsprechender Stelle eine Schrauböse in die obere Kante. Knoten Sie das Aufhängeband dort ein. Süße Träume!

Vorlagen siehe Seite 76/77

Munteres Mäuschen

Oh Schreck – dem Mäuschen läuft der Käse weg! So sehr es auch rennt, der Käse ist schneller. Ein turbulenter Spaß für die Kleinen!

Das wird gebraucht

Holz, 20 mm dick
Holz, 2 bis 4 mm dick (für die Flügel)
2 Schrauben
2 Holzperlen, ⌀ 14 mm
Lederband, 20 cm lang
1 Rundholz, ⌀ 6 mm, 50 cm lang

So wird's gemacht

Gehen Sie nach Abschluß der Grundarbeiten nach der Anleitung »Objekte mit seitlichen Flügeln« (siehe Seite 13) vor. Danach nur noch ein kleines Loch für den Mauseschwanz und ein Loch für den Haltestab bohren. Schwanz und Stab einleimen – schon ist das Mäuschen fertig.

Vorlagen siehe
Seite 86/87

Ein Rabe kommt selten allein

Hier haben es sich drei Gesellen auf ganz verschiedene Weise bequem gemacht. Während Klaus auch kopfüber mit den Füßen an der Gardinenstange hängen kann, haben sich Rudi im Topf und Ralf (siehe Foto unten) ein festes Plätzchen gesichert.

Material für Klaus

Sperrholz, 6 mm dick, 20 x 24 cm
Sperrholz, 3 mm dick, 5 x 5 cm
Rundholz, 6 mm ∅, 24 cm lang
Farben in Schwarz, Weiß, Gelb
Bindedraht

Hilfsmittel

Bohrer, 3 mm und 6 mm ∅

So wird's gemacht

Übertragen Sie den Körper einmal, Flügel und Füße zweimal auf das 6 mm dicke Sperrholz. Der Schnabel wird aus dem 3 mm dicken Sperrholz ausgesägt. Aus dem Rundholz sägen Sie zwei 5 cm lange Stücke für die Oberschenkel und zwei 6,5 cm lange Stücke für die Unterschenkel zu. Die Löcher in den Körper und die Flügel bohren Sie, wie in der Vorlage gekennzeichnet, mit dem 3-mm-Bohrer, in die Füße mit dem 6-mm-Bohrer.
Die Oberschenkel werden an beiden Enden durchbohrt; dabei sind die Bohrungen um 90 Grad versetzt. Die Unterschenkel durchbohren Sie an nur einem Ende und leimen sie so in die Füße, daß die Bohrungen quer zur Fußspitze verlaufen.
Den Körper und die Flügel schwarz bemalen, den Schnabel und die Füße gelb. Leimen Sie den Schnabel am Kopf an, und malen Sie die Augen. Zum Schluß alle Teile locker mit Bindedraht zusammenbinden.

Material für Rudi

Sperrholz, 6 mm dick, 10 x 14 cm
Sperrholz, 3 mm dick, 5 x 5 cm
Rundholz, 6 mm ∅, 5 cm lang
Farben in Schwarz, Weiß, Gelb
Terrakottatopf, 11 cm ∅
Steckmasse
1 Efeuranke
Bast
Schleifenband, 55 cm lang
Bindedraht

Hilfsmittel

Bohrer, 6 mm ∅

So wird's gemacht

Rudi wird nach der gleichen Vorlage wie Klaus gearbeitet. Sie benötigen hier allerdings nur Körper und Schnabel. Bohren Sie unten in den Körper ein Loch für das Rundholz, und leimen Sie dieses als Steckspieß ein.

Vorlagen siehe Seite 75

Nachdem Sie Rudi bemalt haben, schneiden Sie die Steckmasse für den Topf zurecht, so daß diese stramm im Topf sitzt. Den Raben stecken Sie mittig in den Topf. Ein paar Bastfäden zu einer Schleife legen und mit Bindedraht fixieren. Ebenso mit dem Schleifenband verfahren. Rabe, Efeuranke und Schleife in den Topf stecken.

Material für Ralf

Sperrholz, 6 mm dick, 16 x 16 cm
Sperrholz, 3 mm dick, 5 x 5 cm
Farben in Schwarz, Weiß, Gelb
1 Rebenblume (erhältlich im Bastelgeschäft)
1 Efeuranke, Sonnenblumen
Bindedraht
Schleifenband, 50 cm lang

Hilfsmittel

Bohrer, 3 mm ∅
Heißkleber

So wird's gemacht

Auch Ralf wird nach der Vorlage von Klaus gearbeitet. Hier benötigen Sie jedoch Körper, Schnabel und zwei Flügel. Sägen Sie alle Teile aus. Das Bemalen und Zusammensetzen erfolgt wie bei Rabe Klaus.
Den Raben und die anderen Deko-Elemente auf der Rebenblume arrangieren und mit Heißkleber befestigen.
Das Schleifenband legen Sie zu einer Schleife, fixieren sie mit Bindedraht und befestigen diese ebenfalls auf der Rebenblume.

Vorlagen siehe Seite 75

Leuchtturm

Möchten Sie einen Leuchtturm, der leuchtet ? Dann befestigen Sie ein Sperrholzstück von 4,5 cm x 6 cm mit Stiftnägeln auf der Leuchtturm-Rückseite, etwa 2 cm unterhalb des Kreises. Auf die Plattform kommt ein Teelicht.

Hier kommt maritime Stimmung und Fernweh nach Sonne und Meer auf.

Material

Sperrholz, 10 mm dick, 20 x 35 cm
Lack in Rot, Weiß, Grün, Schwarz
2 Stiftnägel
Transparentpapier in Gelb

Hilfsmittel

Bohrer, 8 mm oder 25 mm ∅
Hammer
Alleskleber

Vorlagen siehe Seite 72/73

So wird's gemacht

Sägen Sie den Leuchtturm und die Standfläche aus dem Sperrholz aus. Den Kreis im Leuchtturm bohren Sie mit einem 25-mm-Bohrer oder sägen ihn mit der Laubsäge aus. Hierfür bohren Sie zunächst mit einem kleinen Bohrer ein Loch in den vorgezeichneten Kreis, spannen das Sägeblatt an einer Seite der Säge aus, fädeln es durch die Bohrung und spannen es wieder fest ein. Nun können Sie den Kreis aussägen.
Befestigen Sie den Leuchtturm mit den Stiftnägeln und etwas Leim mittig auf der Bodenplatte. Das Transparentpapier schneiden Sie etwas größer aus als den Kreis im Leuchtturm und kleben es auf die Rückseite dahinter.

Matrose

Vorlagen siehe Seite 72/73

Mit Rettungsring auf Landgang erzählt dieser Matrose nicht soviel Seemannsgarn.

Material

Sperrholz, 7 mm dick, 17 x 26 cm
Sperrholz, 4 mm dick, 7 x 7 cm
Farben in Rot, Blau, Gelb, Weiß, Schwarz
4 Stiftnägel
Jutekordel, 40 cm lang

Hilfsmittel

Hammer

So wird's gemacht

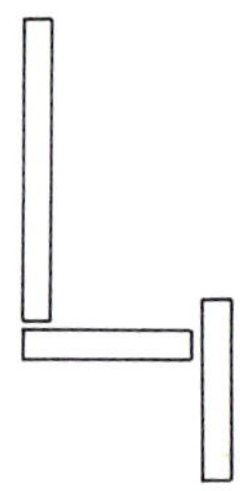

Sägen Sie die einzelnen Teile aus Sperrholz aus. Schmirgeln und Entstauben nicht vergessen! Zunächst wird der Oberkörper mit Stiftnägeln und Leim auf der breiten Seite des Zwischenstückes mit der Kante bündig aufgesetzt (siehe Skizze). Das Beinteil setzen Sie in Höhe der gestrichelten Linie der Vorlage vor das Zwischenstück.
Nun können Sie den Matrosen entsprechend der Abbildung bemalen. Dabei den Rettungsring weiß grundieren und nach dem Trocknen die roten Streifen aufmalen. Wickeln Sie die Jutekordel einige Male durch den Rettungsring, und verknoten Sie die Enden zu einer Schlaufe. Legen Sie diese Schlaufe dem Matrosen locker um das Handgelenk.

Brummi mit den Luftballons

Das wird gebraucht

Sperrholz, 8 bis 10 mm dick
Dickschichtlasur
Bastelfarben, schwarz, weiß und brombeer
Transparente Seidenmalfarbe, hellrot und türkis
Holzbeize, hellbraun
2 Stücke fester Draht, 15 bis 20 cm lang
Sekundenkleber
Samtfaden, gelb
Doppelseitiges Klebeband

So wird's gemacht

Beizen Sie den Teddy hellbraun. Die Ballons werden mit der Seidenmalfarbe hellrot und türkis bemalt. Nach dem Trocknen malen Sie den Teddy mit Bastelfarben nach Vorlage der Abbildung an. Um die Luftballons sauber beschriften zu können, müssen sie mit Dickschichtlasur versiegelt werden.
In die Ballons bohren Sie jetzt jeweils ein Loch, in die Teddypfote zwei Löcher dicht nebeneinander in der Stärke des Drahts. Mit Sekundenkleber befestigen Sie die Drähte in den Löchern. Die Ballons bekommen eine Schleife aus gelbem Samtfaden.
Auf der Rückseite des Teddys bringen Sie das Klebeband an. Damit können Sie Ihr Türschild festmachen.

Vorlagen siehe
Seite 82/83

Das wird gebraucht

Holz, 20 mm dick
Holz, 2 bis 4 mm dick (für die Flügel)
2 Perlen, ⌀ 16 mm
2 Schrauben mit Schaft
1 Rundholz, ⌀ 10 mm, beliebige Länge

So wird's gemacht

Alle Arbeitsschritte sind identisch mit denen zu »Der Papagei Caruso«, Seite 55.

Vorlagen siehe
Seite 65

Kobra 1 – bitte melden!

TIP

Stellen Sie Kobra 1 in einer Größe von 50 cm her. Kleben Sie an die beiden Dachrotorblätter je ein kleines Parfüm-Proberöhrchen (mit Heißkleber geht das besonders einfach). Die Öffnungen der Röhrchen sollten wenigstens 1 mm über den oberen Rand der Rotorblätter hinausragen. Sobald sich die Propeller drehen und der Wind im richtigen Winkel auf die Röhrchenöffnungen trifft, ertönt ein Fluggeräusch.

Ein Hubschrauber – fast jedes Kind ist von diesem brummenden, senkrecht in die Luft steigenden Gefährt fasziniert. Die gegensätzliche Bewegung der beiden rotierenden Propeller zieht aber auch Erwachsene in ihren Bann.

Das wird gebraucht

Holz, 20 mm dick
Holz, 2 bis 4 mm dick (für Propeller)
1 Rundholz, ∅ 8 mm, ca. 80 cm lang
2 Holzperlen oder -räder, ∅ 15 mm und 12 mm
2 Schrauben mit Schaft
2 Holzperlen, ∅ 14 mm

So wird's gemacht

Erledigen Sie alle Grundarbeiten und bringen Sie dann die Propeller an. Die Räder werden auf beiden Seiten vorne und hinten an den Hubschrauber geklebt. Vergessen Sie nicht das Loch für den Haltestab zu bohren und das Rundholz dort einzuleimen.

Vorlagen siehe Seite 92

Magische Windaugen

Sie wirken wie ein Zauber. Ihr Blick läßt Sie nicht los. Bei starkem Wind erleben Sie außerdem ein magisches Spiel der Farben.

Das wird gebraucht

Holz, 20 mm dick
8 einseitig gewölbte Holzscheiben, ∅ 5 cm
80 cm Rundholz, ∅ 6 cm
1 Holzkugel, ∅ 4 bis 5 cm, ringsherum gelocht (8 Löcher)
1 Alustange, ∅ 6 mm
1 Aluröhre, ∅ 10 mm
Rundholzrest, ∅ 8 mm

So wird's gemacht

Kleben Sie die gewölbten Holzscheiben genau mittig auf die ausgesägten großen Scheiben. Bohren Sie an beliebiger Stelle in die Kante jeder Scheibe ein Loch von 6 mm Durchmesser. Teilen Sie das Rundholz in vier gleichgroße Stücke. Je ein Ende dieser Stäbe leimen Sie in die Holzkugel (in jedes zweite Loch). An das andere Ende stecken Sie die große Holzscheibe. Verschließen Sie die Metallröhre mit dem Rundholzrest, schieben Sie die Alustange hinein und kleben die fertige Holzkugel auf die Stange. Und nun lassen Sie sich von der Magie der Augen verzaubern.

Vorlagen siehe Seite 76/77

Paradiesvogel

Eigentlich ist er nur ein ganz normaler Hahn. Aber sieht er nicht »paradiesisch« aus mit seinem tollen Schwanz? Nehmen Sie möglichst viele verschiedenfarbige Bänder – je bunter desto schöner sieht Ihr Vogel aus!

Das wird gebraucht

Holz, 20 mm dick
1 Rundholz, ⌀ 8 mm, 1 m lang
5 Schraubösen
verschiedenfarbiges Geschenkband, ca. 10 m

Vorlagen siehe Seite 89

So wird's gemacht

Nach den Grundarbeiten drehen Sie die Ösen in den Schwanz, schneiden die Bänder zu und knoten sie ein (siehe auch Seite 13). Den Haltestab einleimen, und schon ist der Hahn fertig!

Der Papagei Caruso

Mit diesem Motiv können Sie einen ganzen Vogelpark herstellen. Sie brauchen nur die Farben zu ändern und schon entsteht ein Kakadu, ein Graupapagei usw.

Das wird gebraucht

Holz, 20 mm dick
Holz, 2 bis 4 mm dick (für die Flügel)
2 Perlen, ⌀ 14 mm
2 Schrauben mit Schaft
1 Rundholz, ⌀ 6 mm, 80 cm lang

So wird's gemacht

Alle Grundarbeitsschritte ausführen und die Flügel wie auf Seite 13 beschrieben anbringen. Den Haltestab einleimen.

Vorlagen siehe Seite 87

TIP

Basteln Sie drei bis fünf (oder auch mehr) Papageien und bauen Sie daraus ein Mobile. Achten Sie dabei auf genügend Abstand zwischen den Tragarmen. Die Vögel dürfen sich auch bei Wind keinesfalls berühren!

Bunte Weihnachtsanhänger

So lustig und bunt können Anhänger auch sein. Und bei der Bemalung sind Ihrer Fantasie wie immer keine Grenzen gesetzt.

Das wird gebraucht

Sperrholz oder Massivholz, 5 mm dick
Plakatfarbe
Glanzlackspray
Aufhängefaden

Vorlagen siehe Seite 94/95

So wird's gemacht

Alle Anhänger schmirgeln, mit Bohrung für den Aufhängefaden versehen und anschließend weiß grundieren. Die Linien für die Bemalung auf beide Seiten übertragen. Diese kunstvolle Bemalung ist natürlich nur ein Vorschlag. Orientieren Sie sich entweder an den Abbildungen oder wählen Sie eine flächige Gestaltung (z.B. durch verschiedene Beizen), die genauso hübsch aussehen kann. Nach der Bemalung lackieren Sie die Anhänger mit Glanzlack.

Lichterbogen Winterwald

Ohne einen Licherbogen im Fenster ist die Adventszeit nur halb so schön. Schon früh am Nachmittag wird es dunkel – Zeit, die Kerzen anzuzünden!

So wird's gemacht

Die Grundplatte, ein Halbkreis von 35 cm Kantenlänge, und der Bogen werden aus 20 mm-Holz gesägt. Für die Bäume und Figuren nehmen Sie 8 bis 10 mm starkes Holz für die Standfläche. Nach den Grundarbeiten beginnt der Zusammenbau. Zuerst kleben Sie die Kerzentüllen mit Holzleim auf die Stufen des Bogens. Mit Wachsklebeplättchen setzen Sie die Kerzen ein. Ordnen Sie alle Bäume und Figuren provisorisch auf der Grundplatte an.

Das wird gebraucht

Holz, 20 mm dick für die Bodenplatte und den Bogen
Holz, 8 bis 10 mm dick für die Figuren
7 Holzkerzentüllen mit Metalleinsätzen
7 Weihnachtsbaumkerzen
7 Wachsklebeplättchen

Der Lichterbogen steht auf jeden Fall mittig und bündig an der hinteren Kante auf der Bodenplatte. Haben Sie die optimale Stellung aller Teile gefunden, wird jedes mit Holzleim aufgeklebt. Um den Schlitten mit kleinen Geschenken beladen zu können, stöbern Sie einfach mal durch die Spielwarenabteilung. Im Kinderzimmer findet sich bestimmt ebenfalls geeigneter Krimskrams.

TIP

Im Kaufhaus können Sie losen, in Beuteln abgepackten künstlichen Schnee bekommen. Streuen Sie diesen über den Winterwald. Er ist unbrennbar, sieht sehr echt aus und glitzert wie richtiger Schnee.

Vorlagen siehe Seite 92–96

Lichterbogen mit Bären

Über soviel weihnachtlichen Lichterglanz staunen und freuen sich sicher nicht nur die beiden Weihnachtsbären!

Das wird gebraucht

Sperrholz, 10 mm dick
Bastelkleber
Plakatfarbe

So wird's gemacht

Die Einzelteile aussägen, schmirgeln und grundieren. Eventuell nach dem Trocknen nochmals schmirgeln. Je nach Geschmack und Können bunt oder flächig bemalen. Dem Mond und dem Stern können Sie mit verschiedenen Gelbtönen einen leichten Verlauf von Hell nach Dunkel geben.
Die Grundplatte finden Sie nicht auf dem Vorlagenbogen, sie hat die Maße 450 x 100 mm. Die Grundplatte erhält denselben Blauton wie die Wolken und der Bogen. Mischen Sie zwei verschiedene Rottöne für die Bekleidung der Bären, damit sie sich etwas voneinander abheben. Vor dem Zusammenkleben werden die Einzelteile lackiert.

Vorlagen siehe Seite 92/93

Weihnachtsäpfel

Leckere Äpfel gehören zu Weihnachten wie bunte Eier zu Ostern. Diese roten Dekoäpfel sind im Handumdrehen gebastelt. Und auch zu anderen Jahreszeiten sind sie, vielleicht ein wenig anders dekoriert, ein attraktiver Blickfang.

Das wird gebraucht

Holz in beliebiger Stärke
Schleifenband, 15 mm breit
Samtfaden
Bohrer

So wird's gemacht

Den ausgesägten, geschmirgelten und fertig bemalten Apfel am Stiel mit einem Loch versehen, den Samtfaden durchziehen und verknoten. Aus dem Schleifenband eine Schleife binden und diese mit einem dünnen Faden am Samtfaden befestigen. Der fertige Apfel ist ein verlockender Anblick, aber leider nicht zum Verzehr geeignet.

Vorlagen siehe Seite 64

Bäumchen und Weihnachtsglöckchen

Wer seinen Weihnachtsbaum im Landhauslook schmücken möchte, sollte sich einen ganzen „Schwung“ dieser Anhänger basteln. Und mehrere Ringe untereinander aufgehängt ergeben einen ausgefallenen Fensterschmuck.

Das wird gebraucht

Holz, 4 mm dick
Holzringe, ∅ mindestens 7 cm
roten Samtfaden
rote Holzperlen, ∅ 10 mm
goldene Perle, ∅ 4 mm
Holzperle natur, ∅ 4 mm
rote Holzbeize
Bohrer
Bastelkleber

So wird's gemacht

Tauchen Sie die ausgesägten und geschmirgelten Teile in rote Beize. Das Bäumchen bekommt an der Spitze ein kleines Bohrloch, durch das Sie ein Stück Samtfaden ziehen. 3 bis 4 mm über der Baumspitze machen Sie einen festen Knoten. Zwischen die beiden Bandenden legen Sie den Holzring. Jetzt werden beide Fäden durch eine Holzperle gezogen und verknotet. Fertig!
Das Glöckchen wird im Prinzip genauso gearbeitet. Bei dem Glöckchen machen Sie jedoch keinen Knoten, statt dessen fädeln Sie eine Naturholzperle auf. Als „Klöppel“ kleben Sie die Goldperle an.

Vorlagen siehe Seite 64

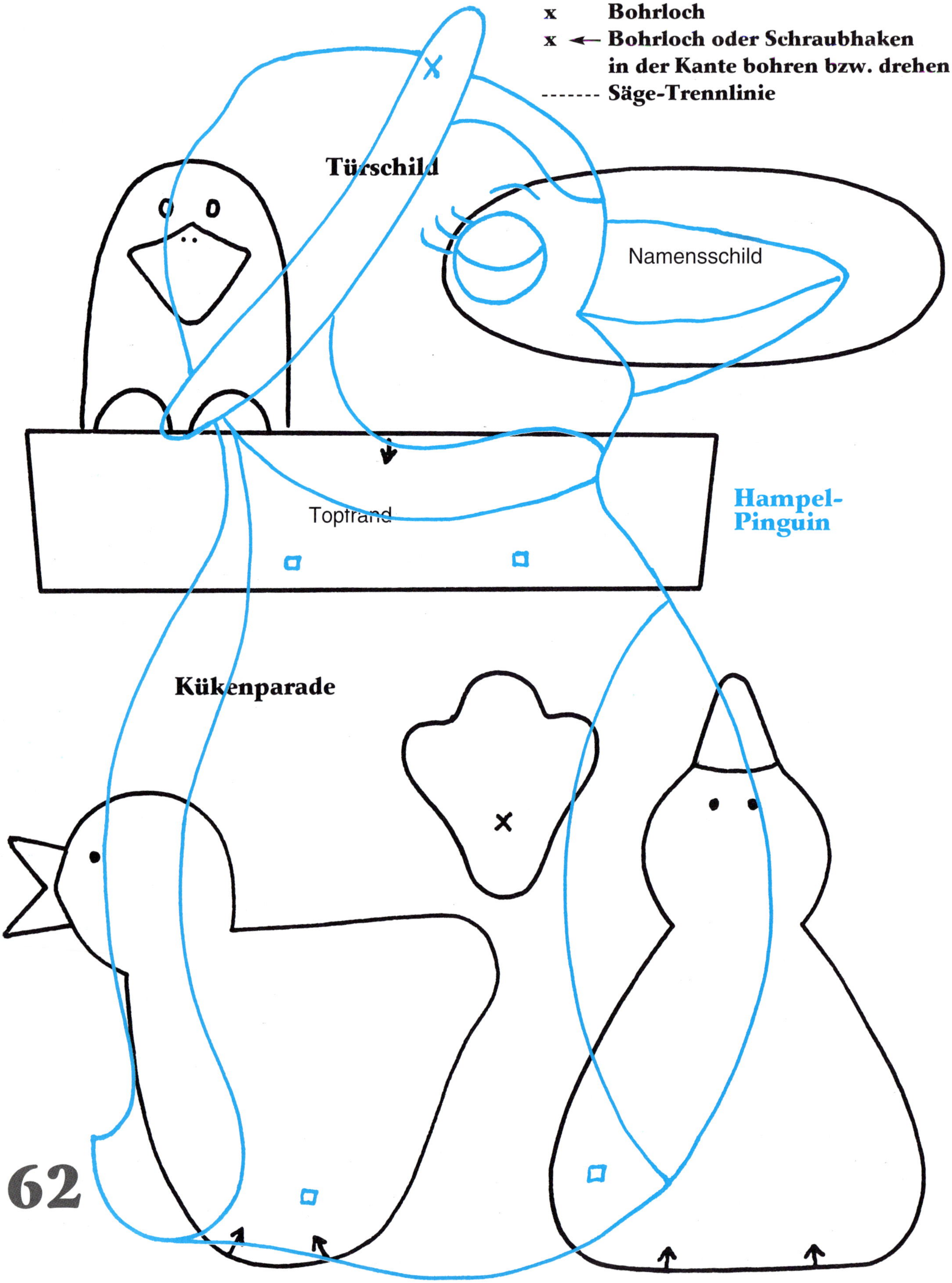
x Bohrloch
x ← Bohrloch oder Schraubhaken in der Kante bohren bzw. drehen
------- Säge-Trennlinie
Türschild
Namensschild
Topfrand
Hampel-Pinguin
Kükenparade

Türschild

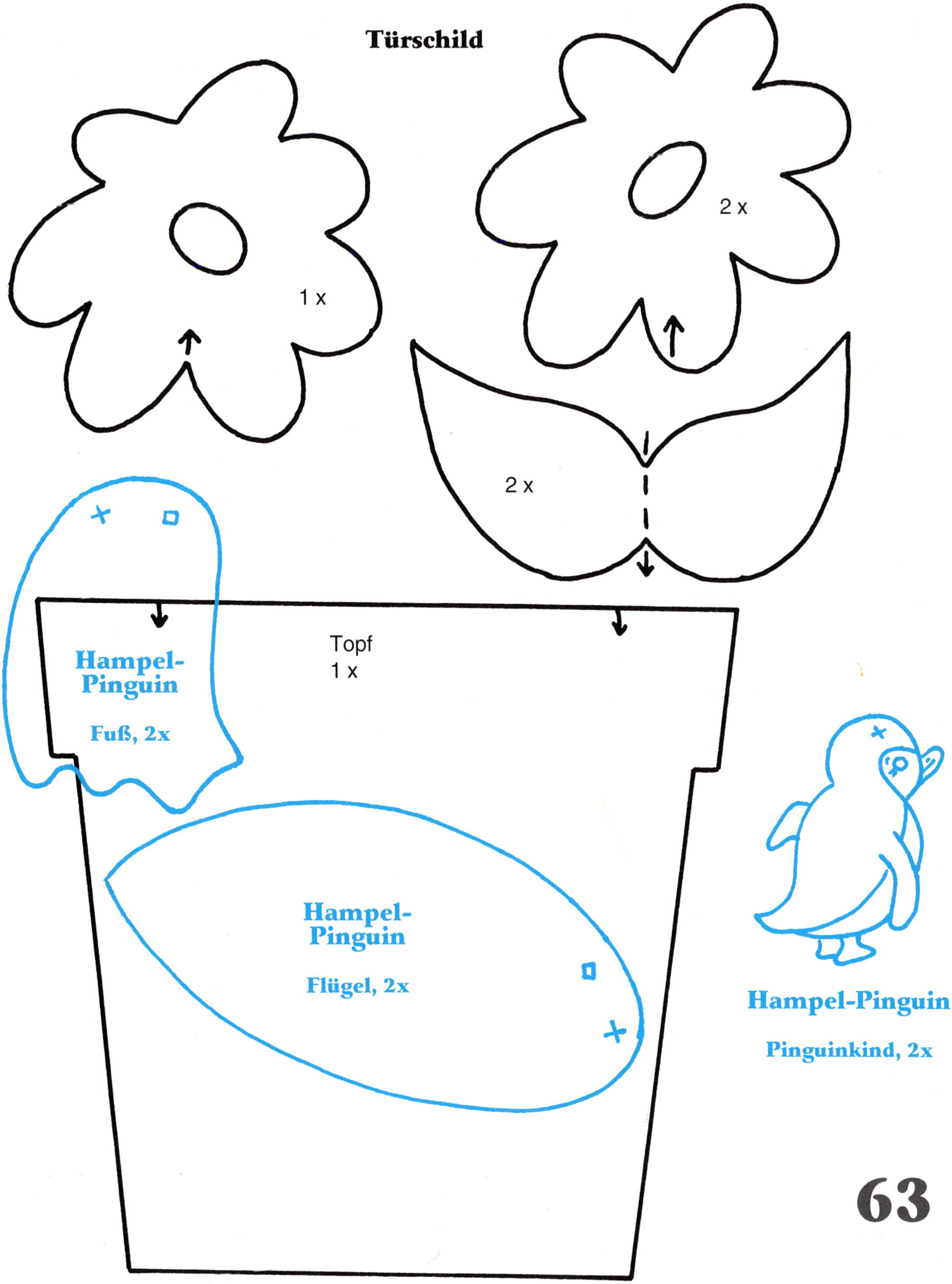

1 x
2 x
2 x
Topf
1 x
Hampel-Pinguin
Fuß, 2x
Hampel-Pinguin
Flügel, 2x
Hampel-Pinguin
Pinguinkind, 2x

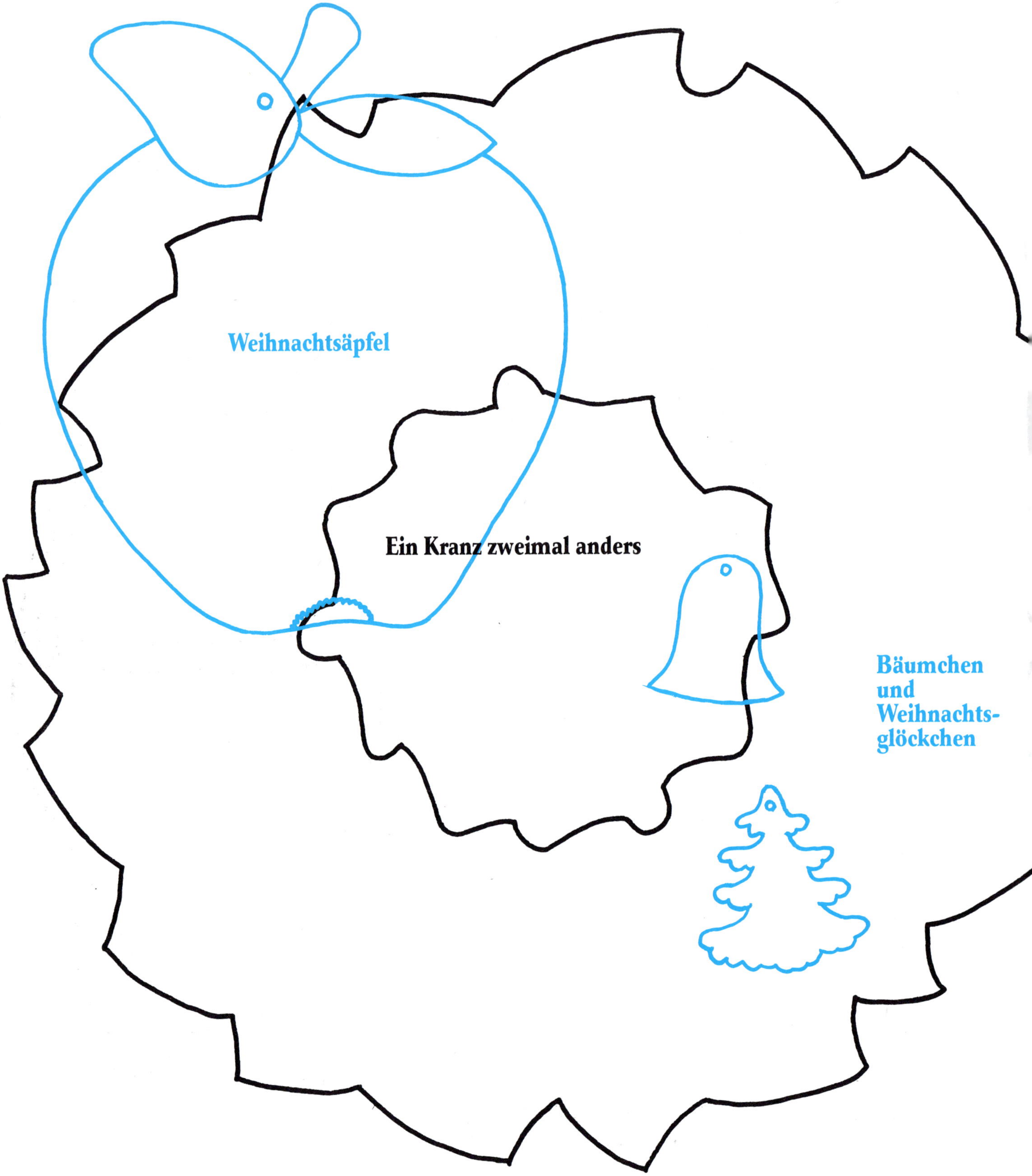
Weihnachtsäpfel
Ein Kranz zweimal anders
Bäumchen und Weihnachts-glöckchen

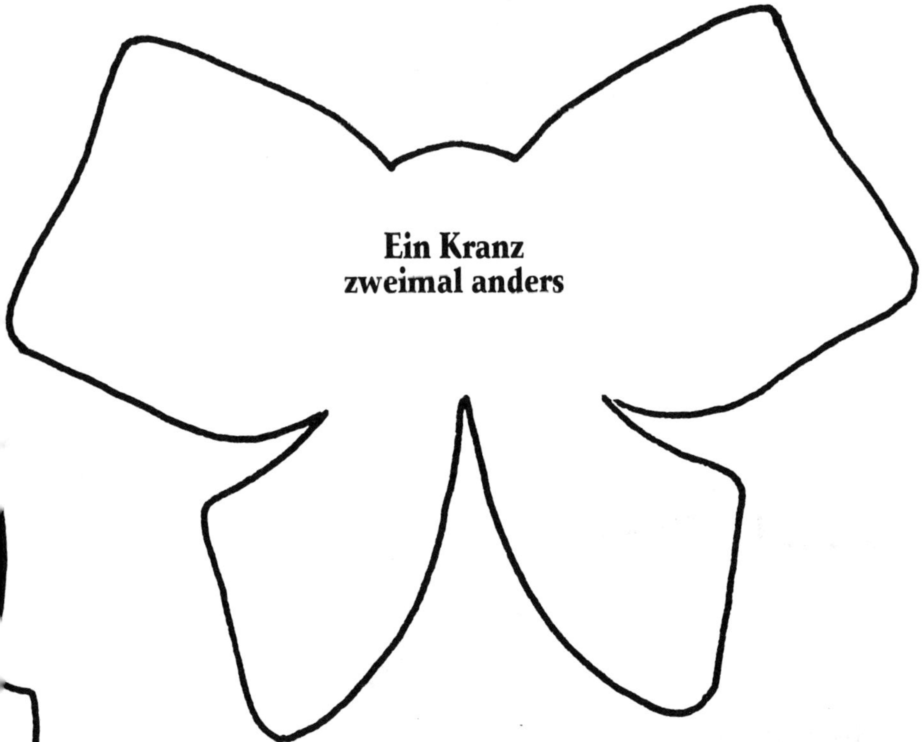
Ein Kranz
zweimal anders

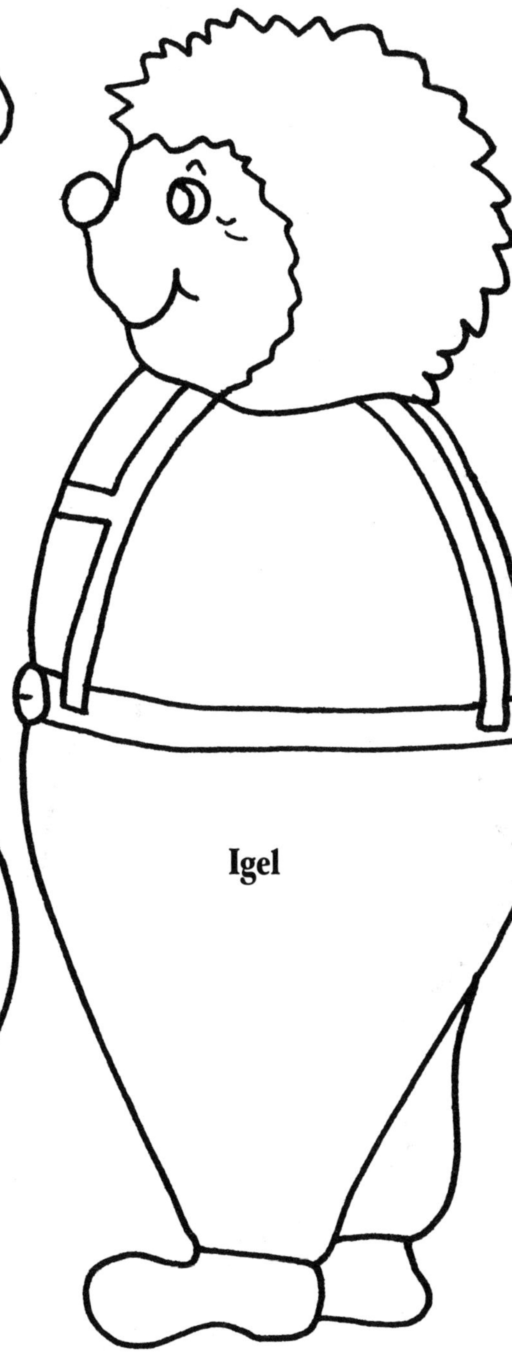
Igel

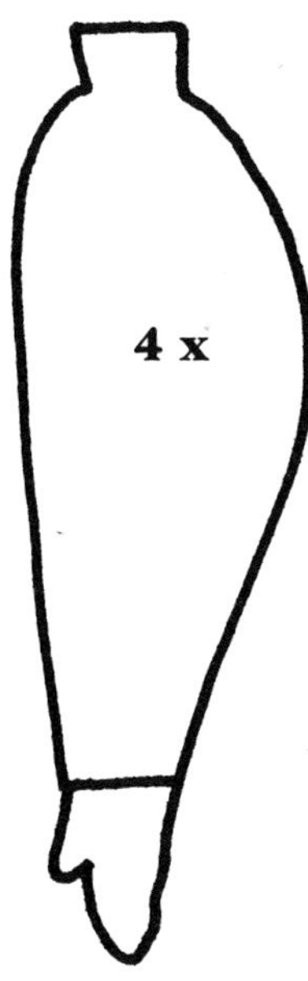
4 x

Ein Kranz
zweimal anders

Stiefmütterchen

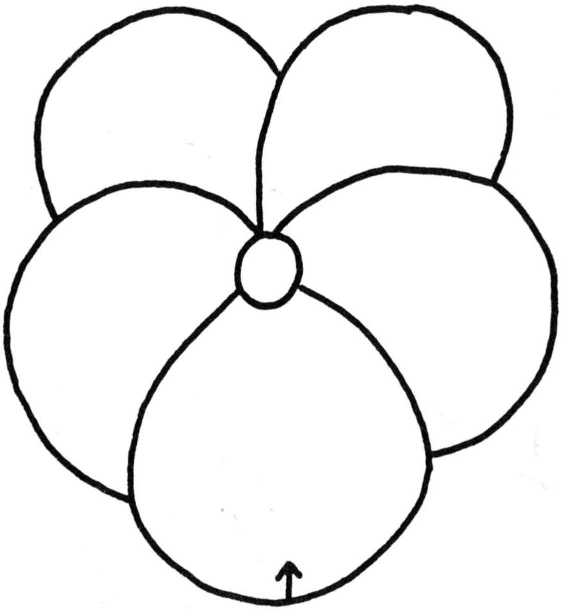

Marienkäfer

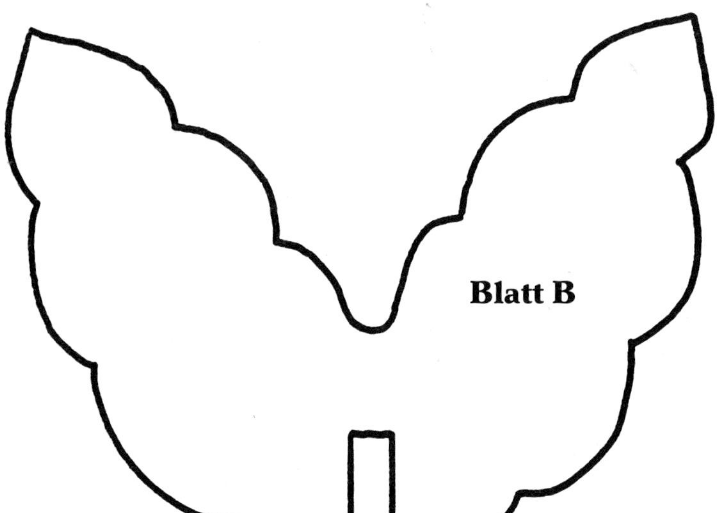

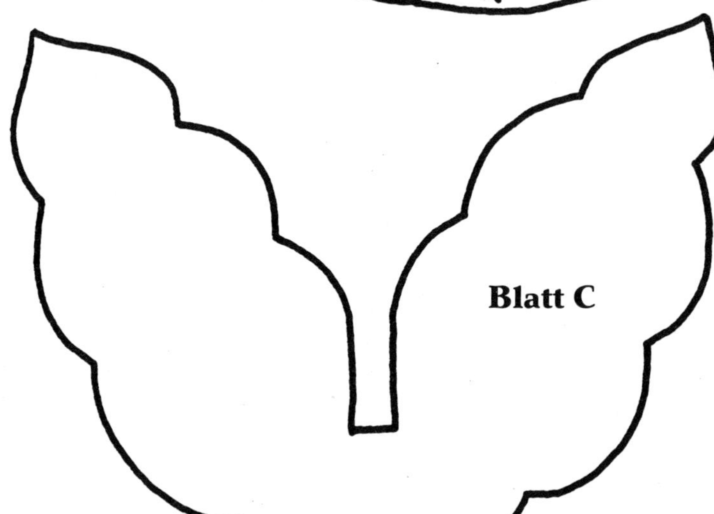

Blumenkinder

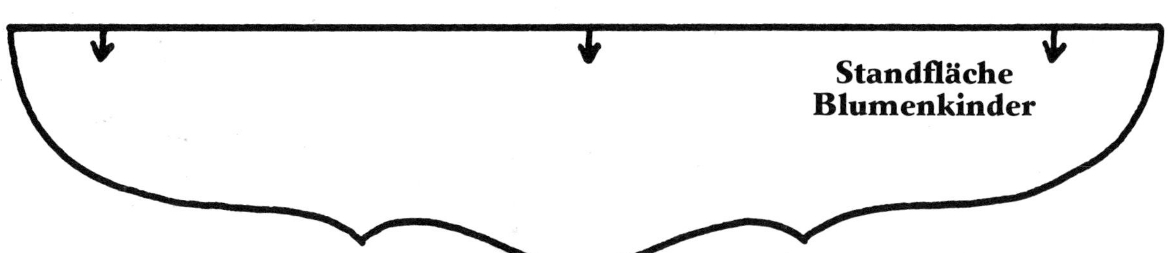

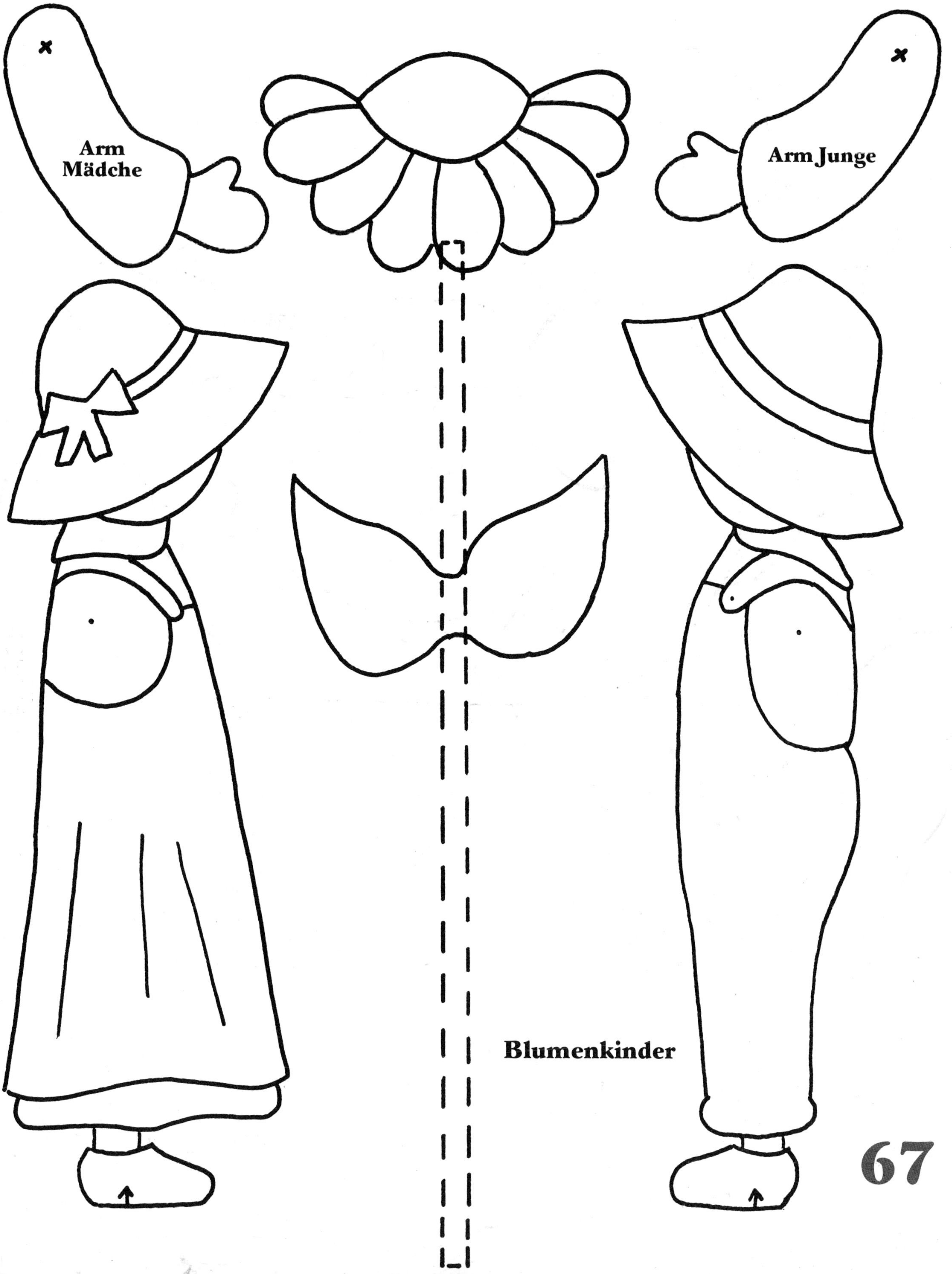
Arm Mädche
Arm Junge
Blumenkinder

Zwei kleine Enten

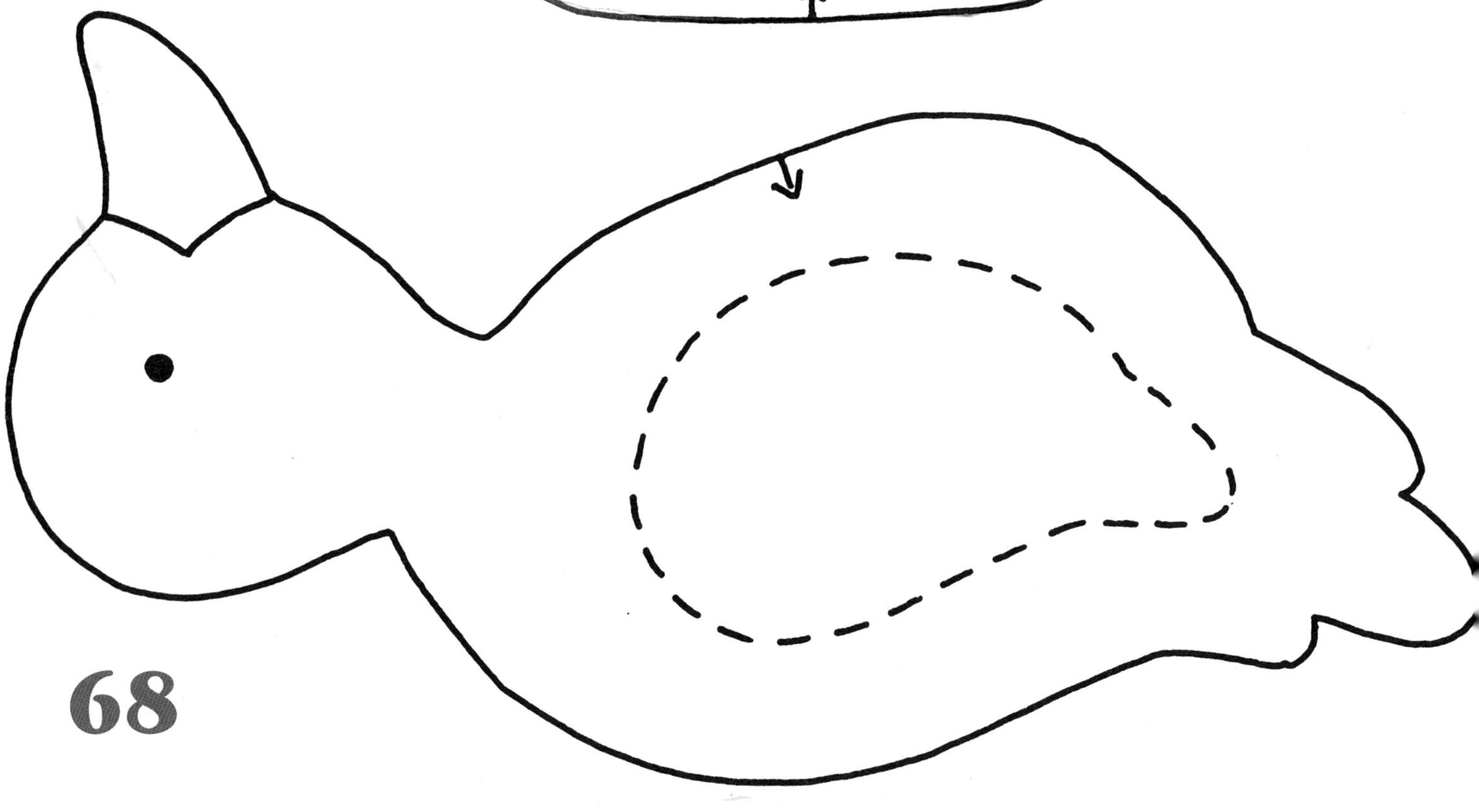

Ostergirlande

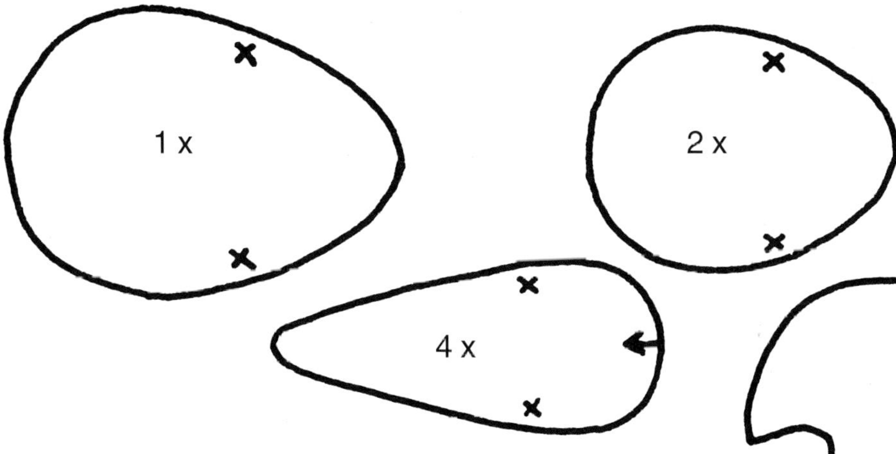

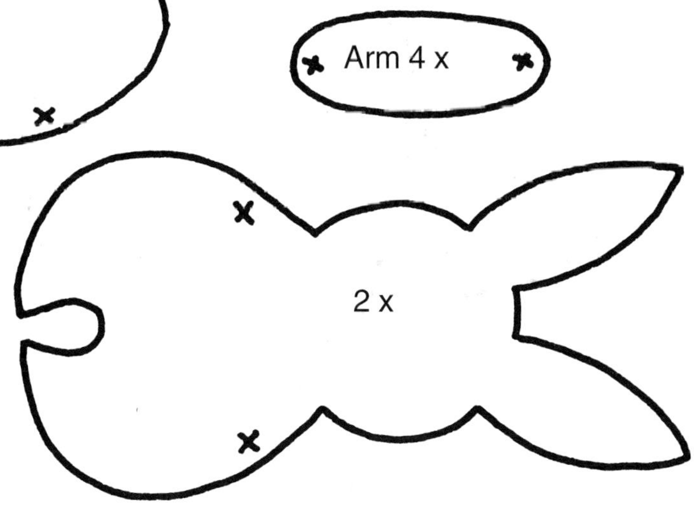

Huhn als Pflanzenstecker

Vogelscheuche

Zwei Hasen

Rückwärtige Kante

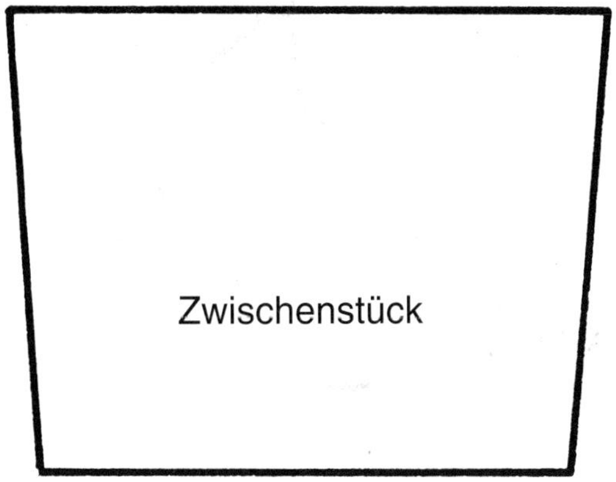

Matrose

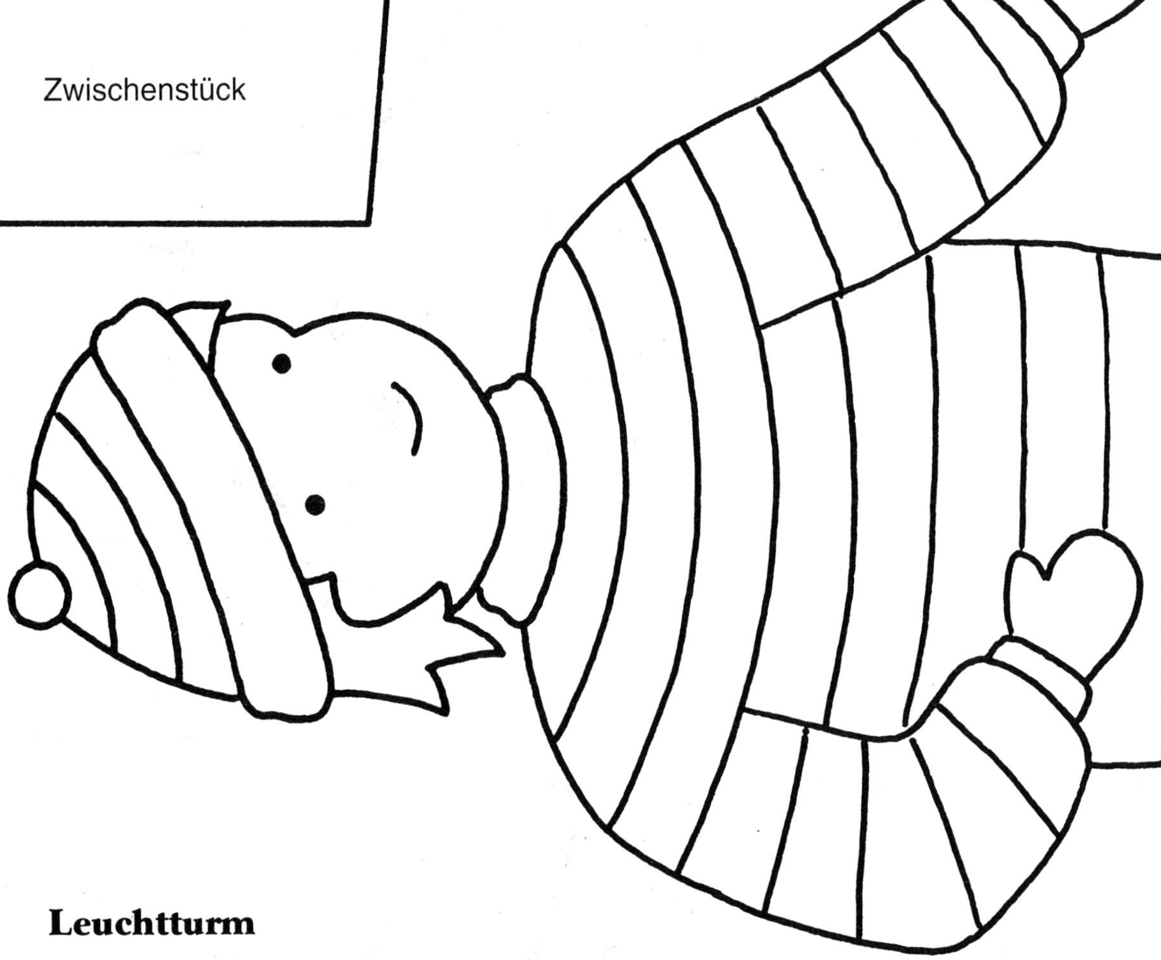

Leuchtturm

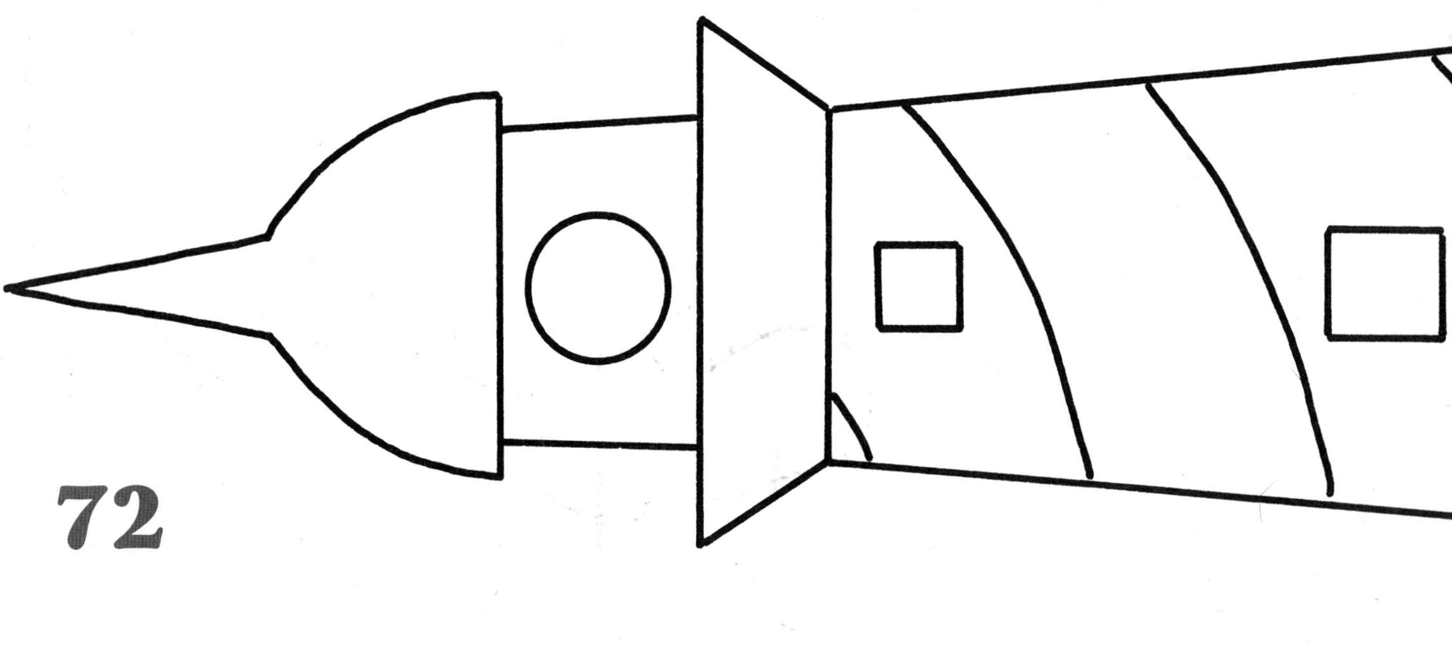

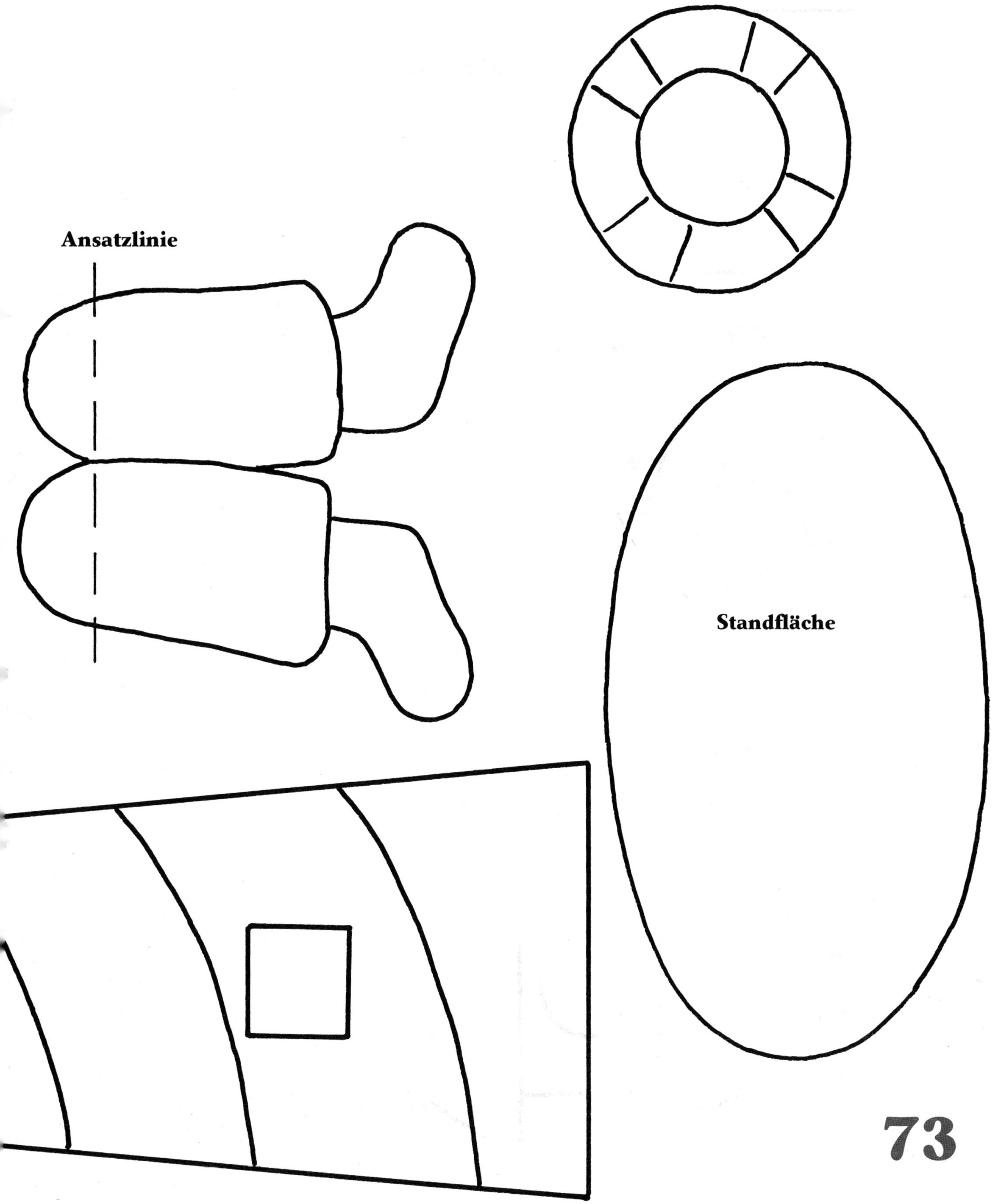
Ansatzlinie
Standfläche

Kühe

Ober-
schenkel
2 x
1 x
Unter-
schenkel
2 x
Vorderbein
2 x
Körper-
ansatzlinie

Ein Rabe kommt selten allein

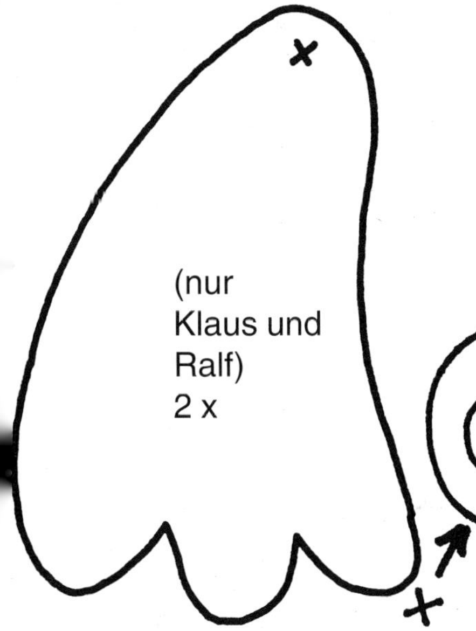

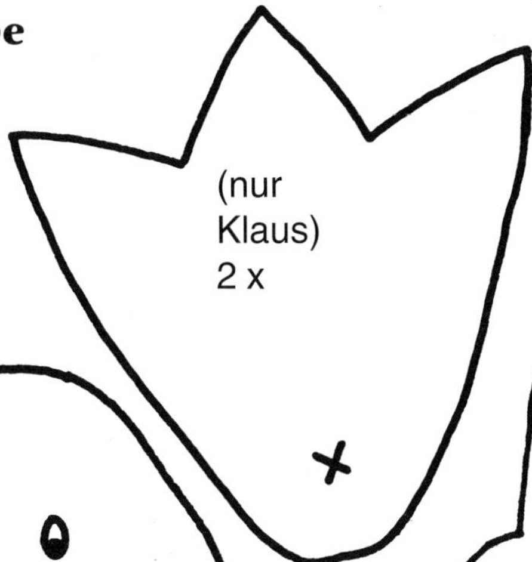

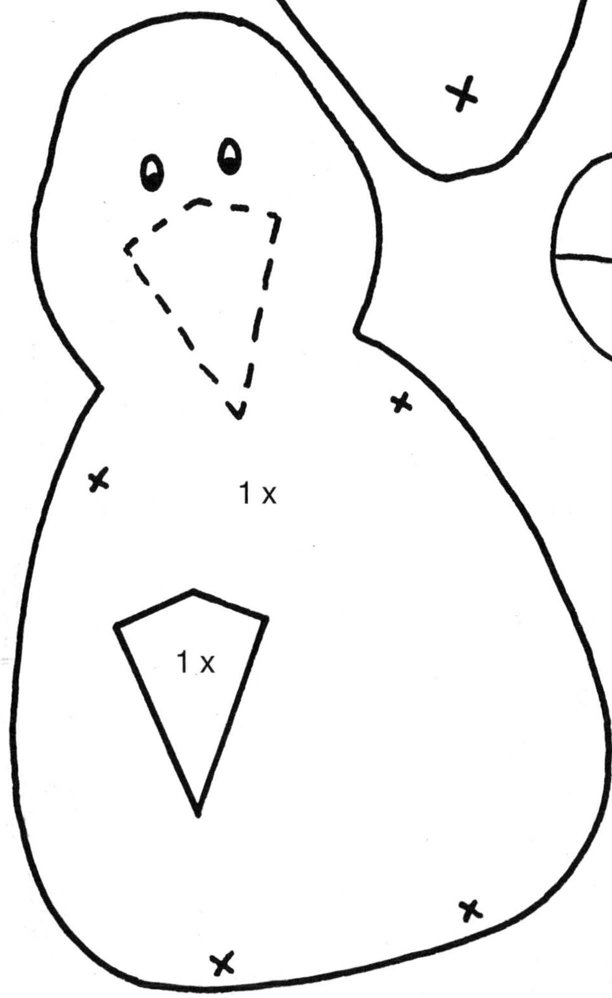

Kraxel-Maxel

Schlafmond

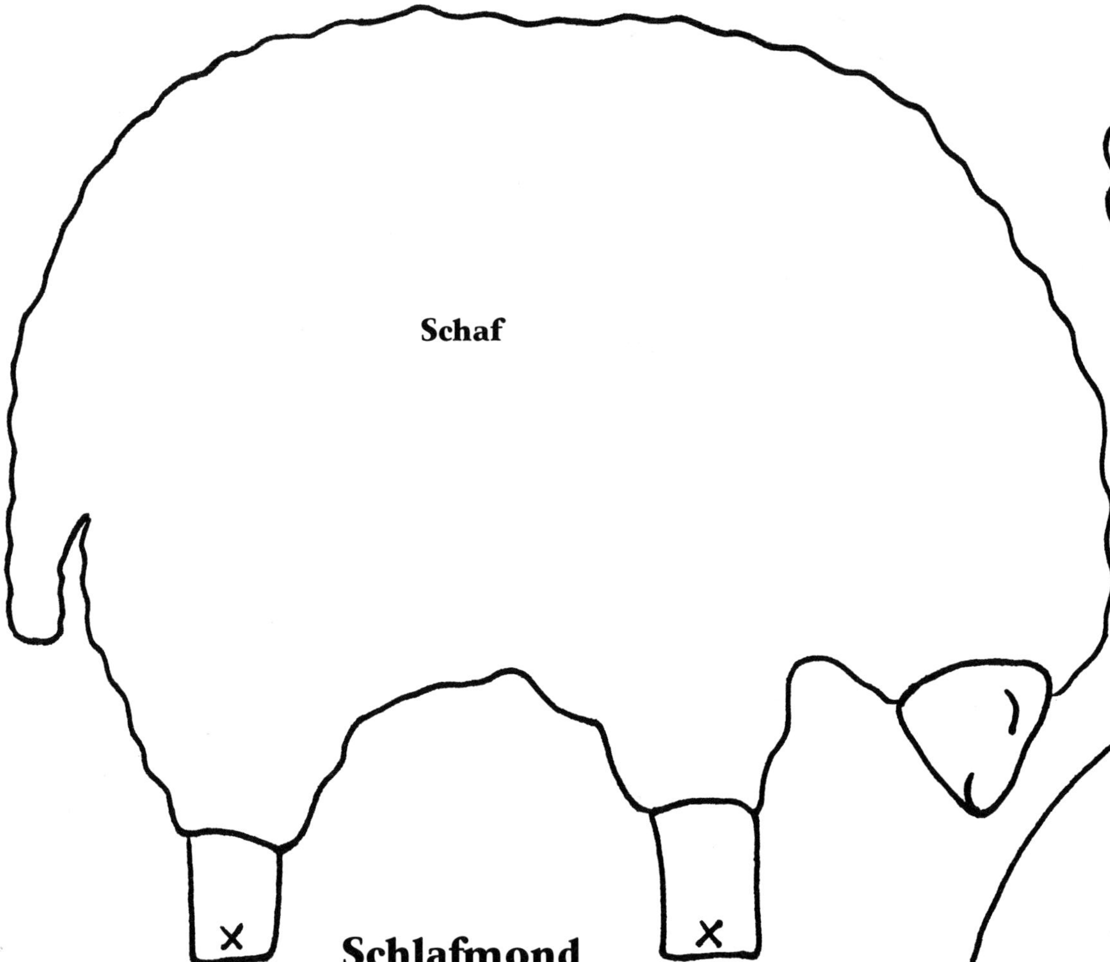

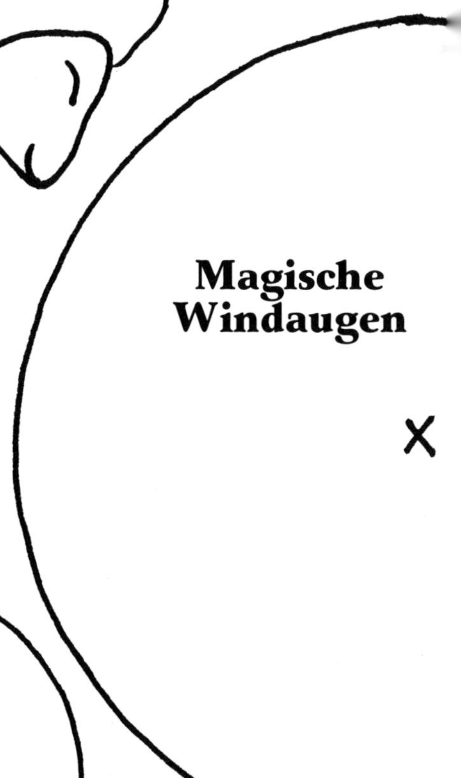

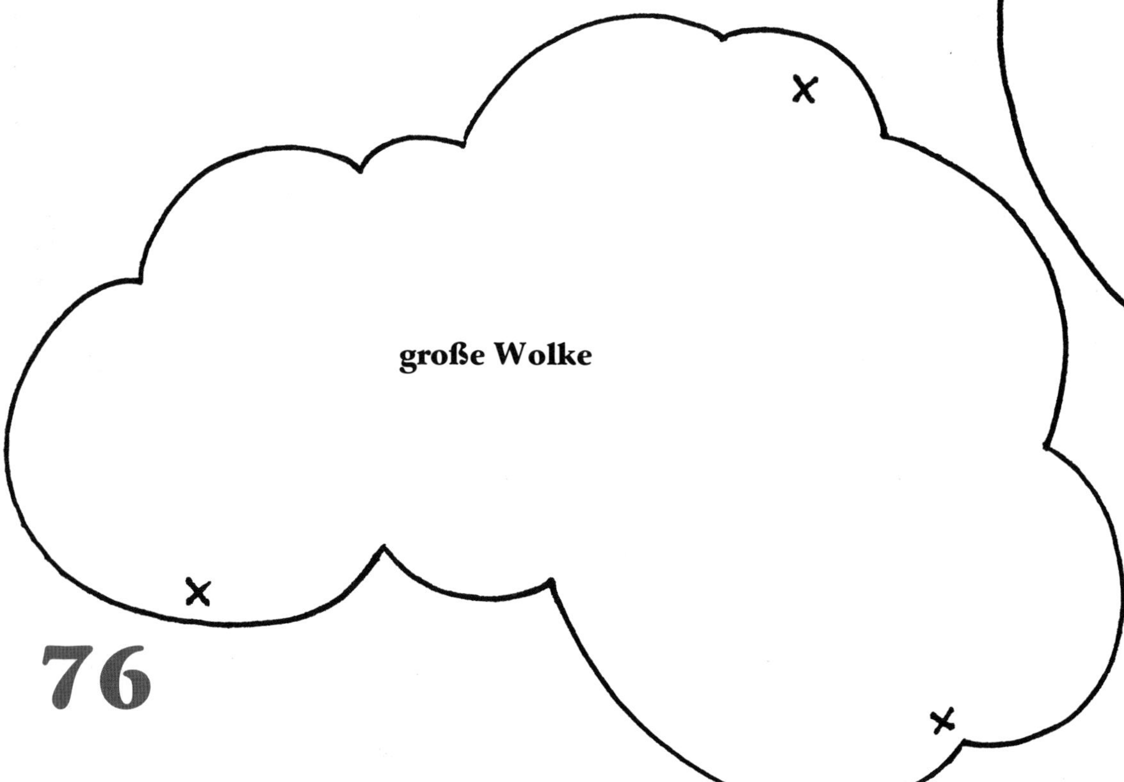

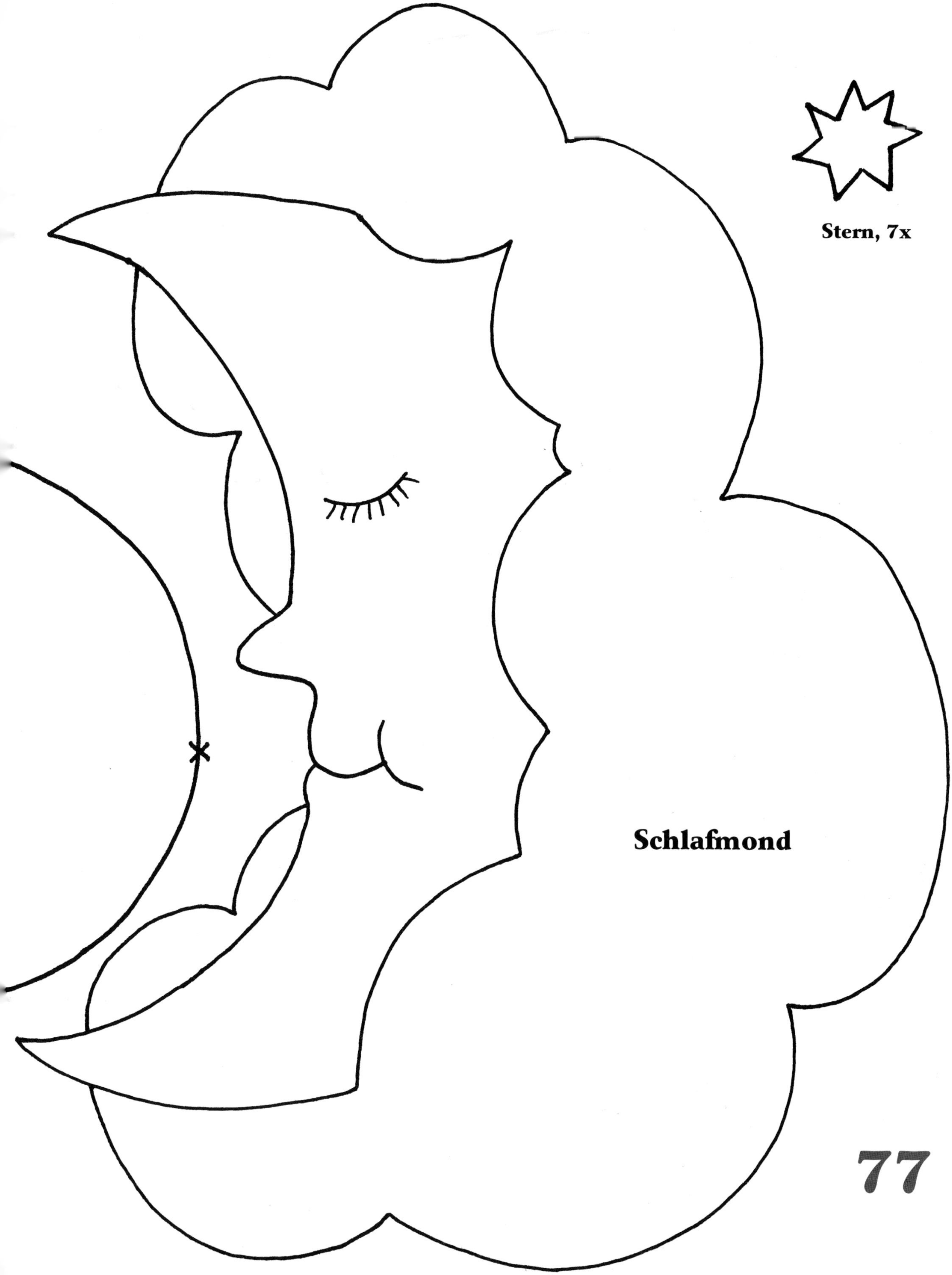
Stern, 7x
Schlafmond

Quarks
Arm, 2x
Bein, 2x
Pieks, der Igel
Apfel

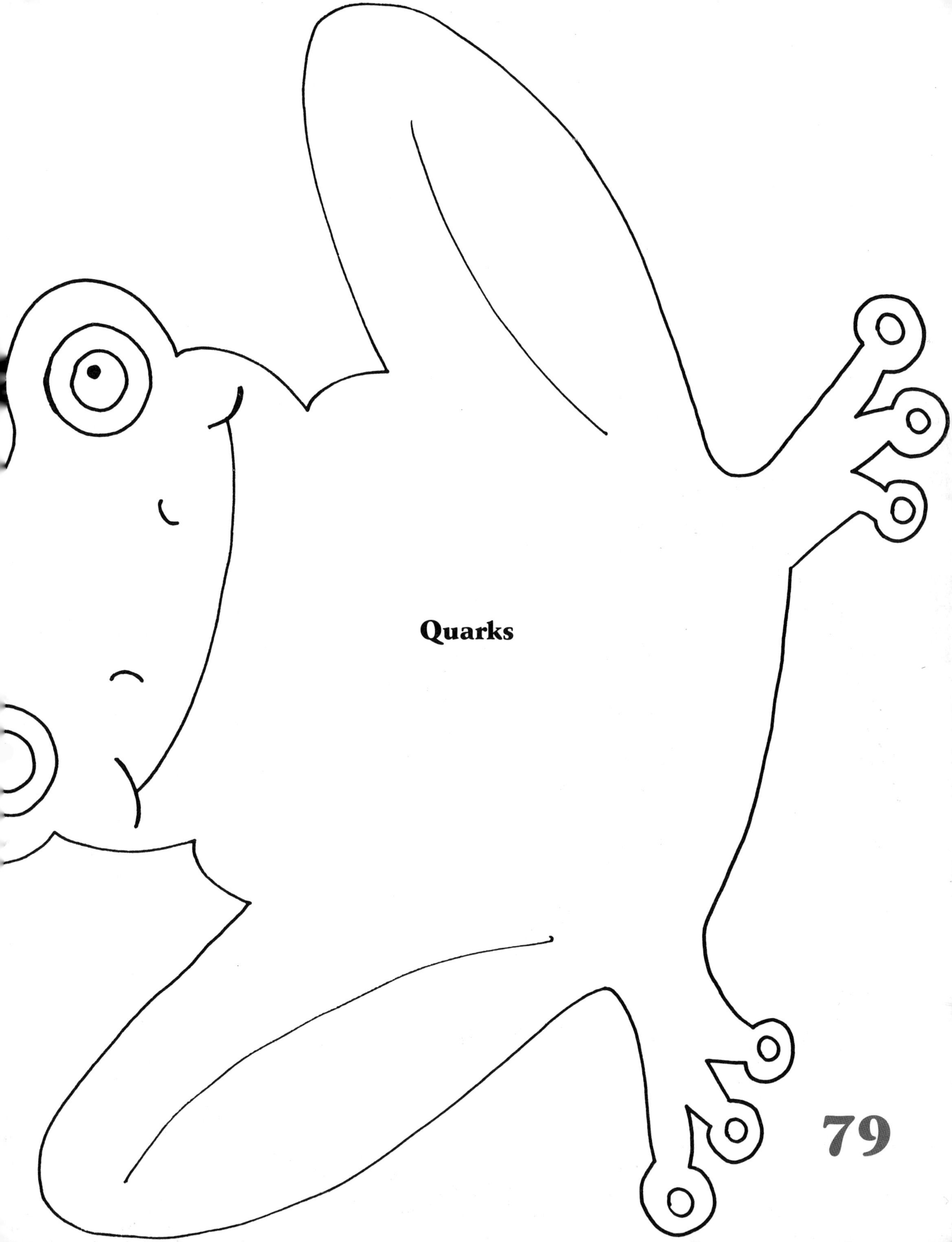

Quarks

Fischmobile

Dreh-Teddy

Brummi

Watschelente

Wintersportente

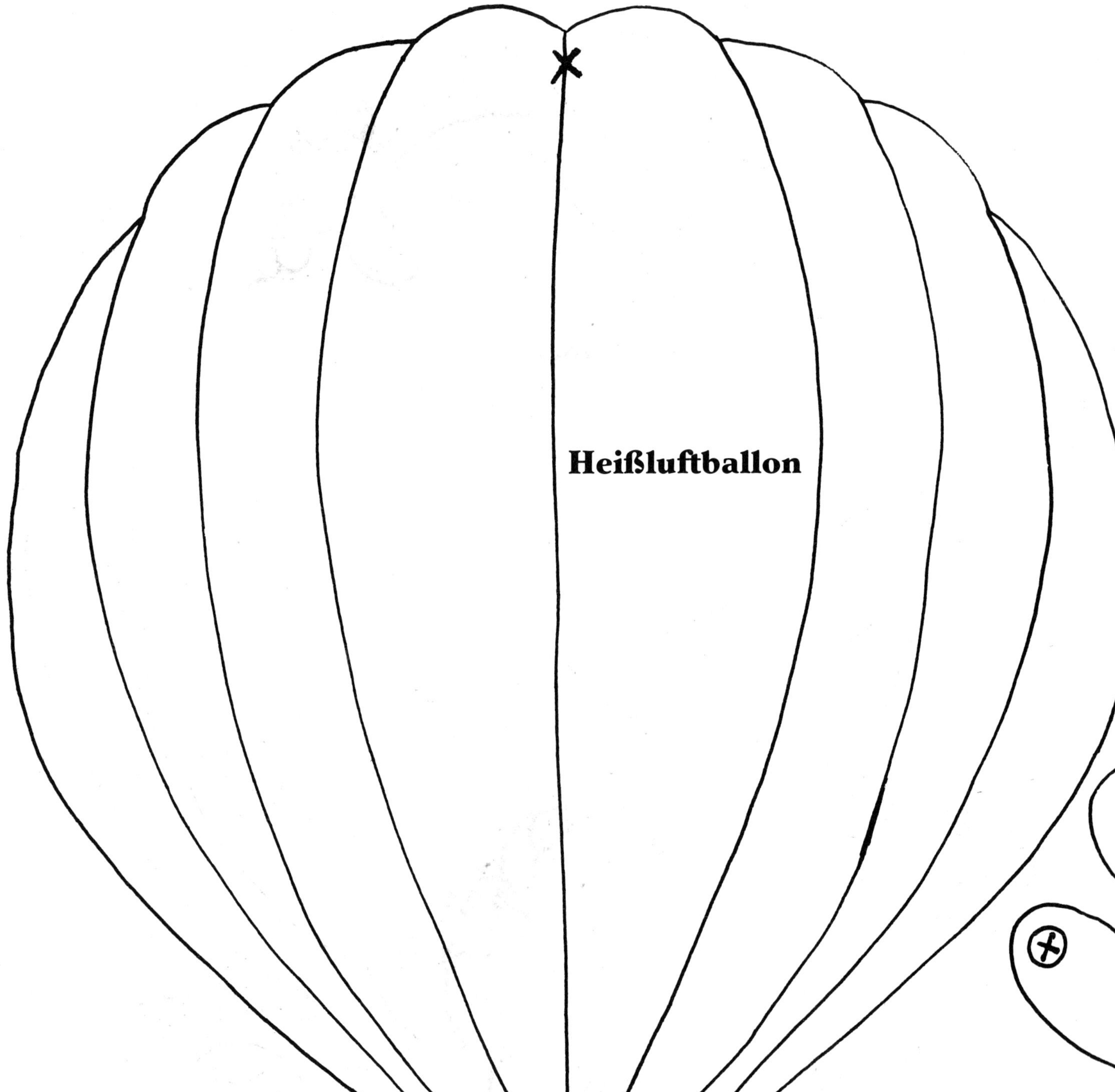
Heißluftballon
für Bohrpunkt
für Bohrpunkt

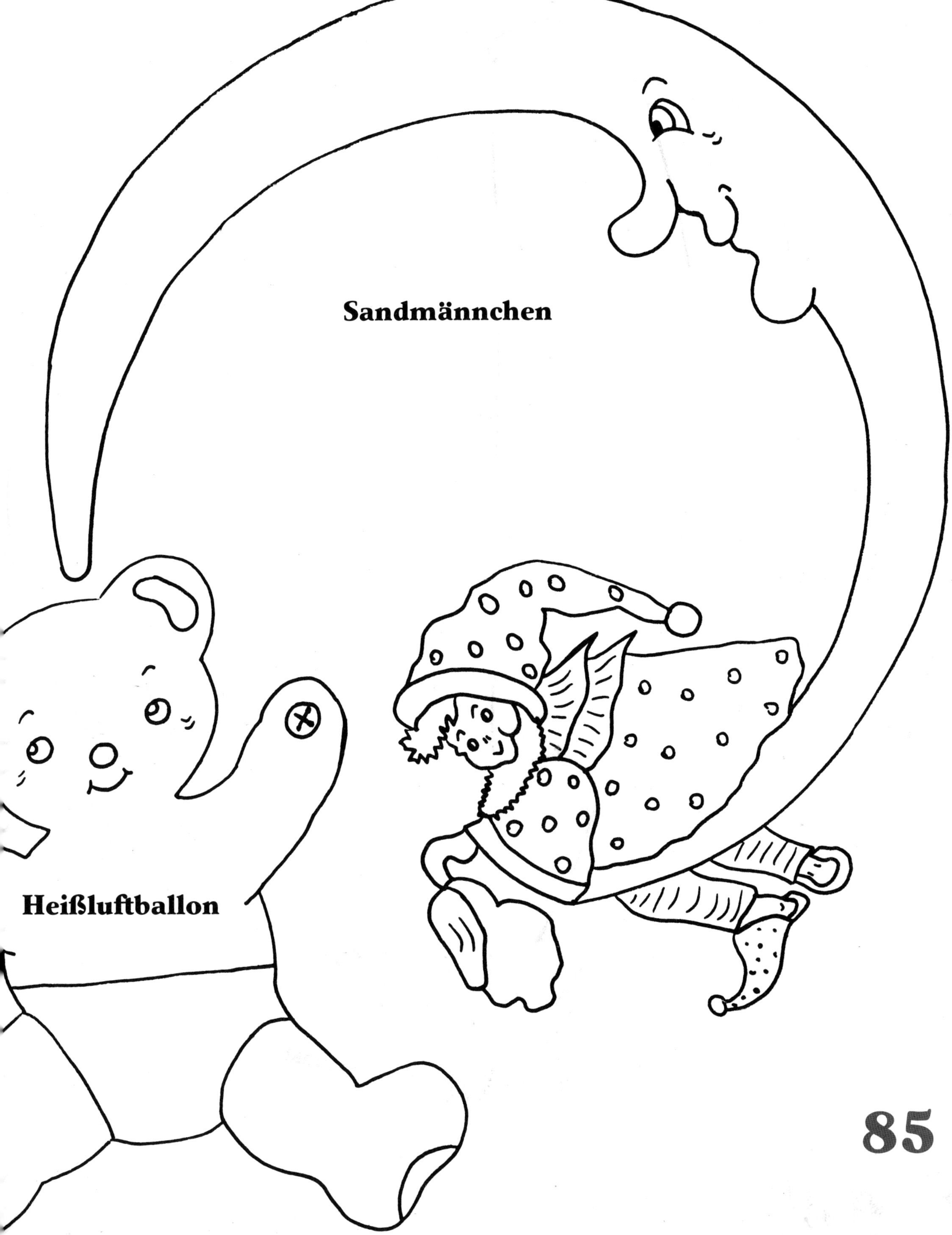
Sandmännchen
Heißluftballon

Munteres Mäusch

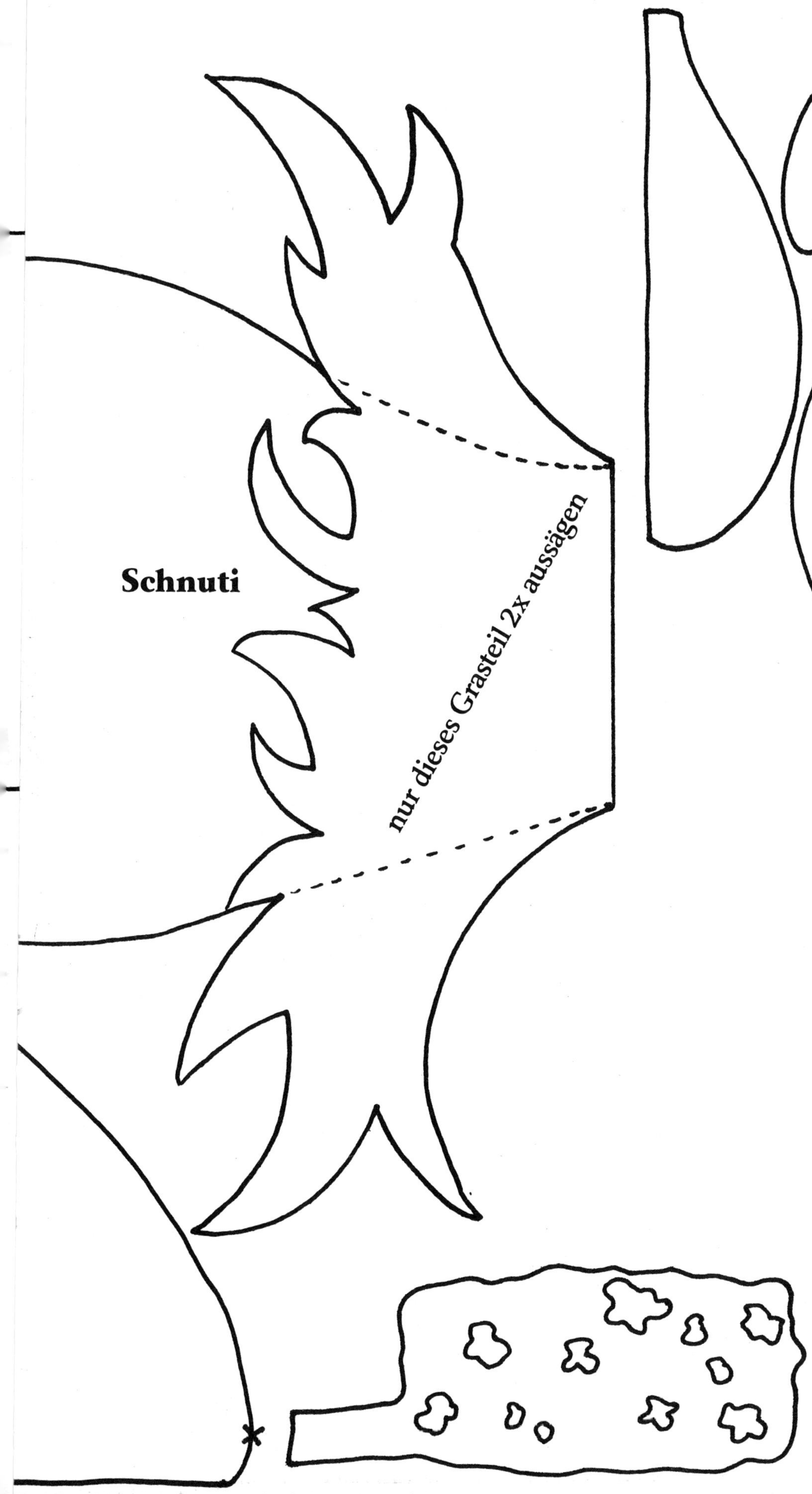
Schnuti
nur dieses Grasteil 2x aussägen

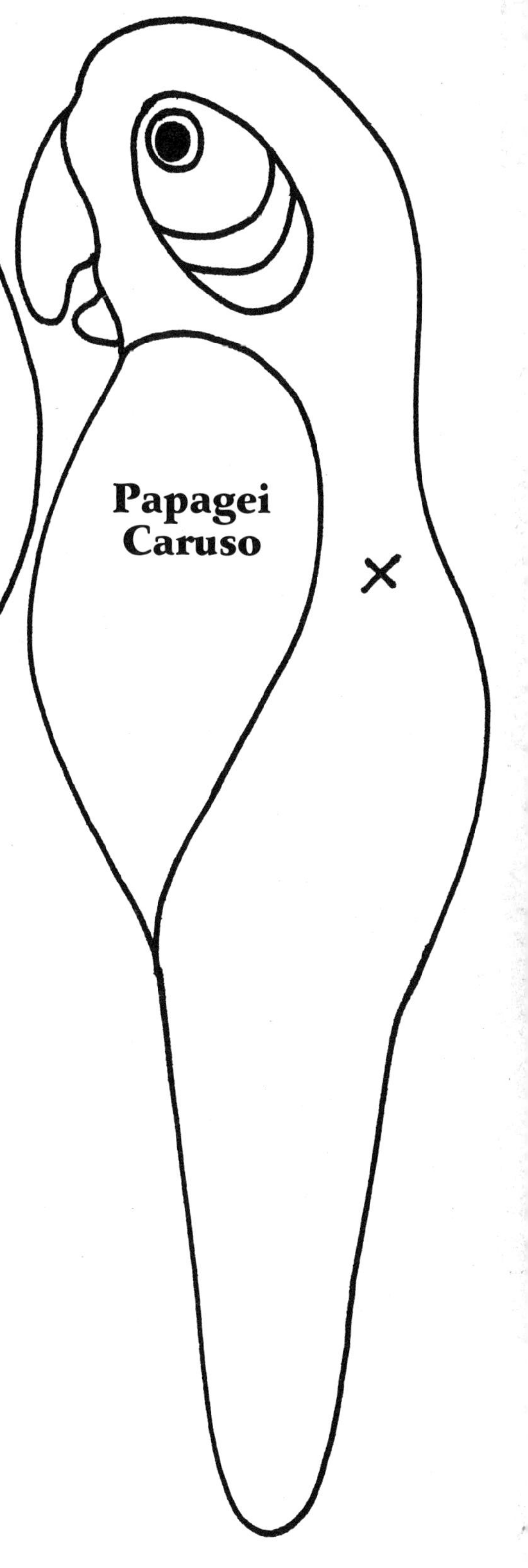
Papagei
Caruso

Iglfamilie

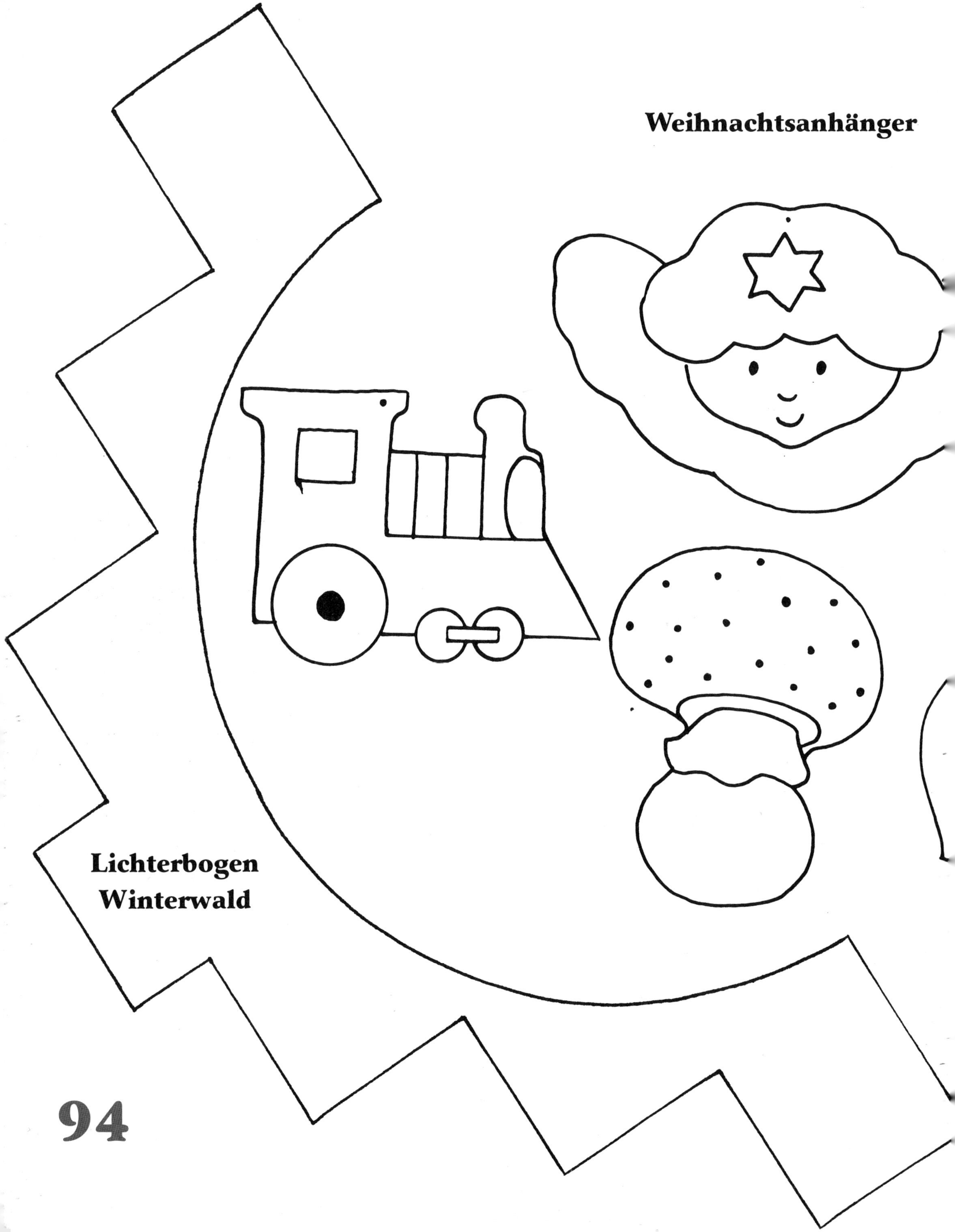
Weihnachtsanhänger
Lichterbogen
Winterwald

Weihnachtsanhänger

Lichterbogen Winterwald

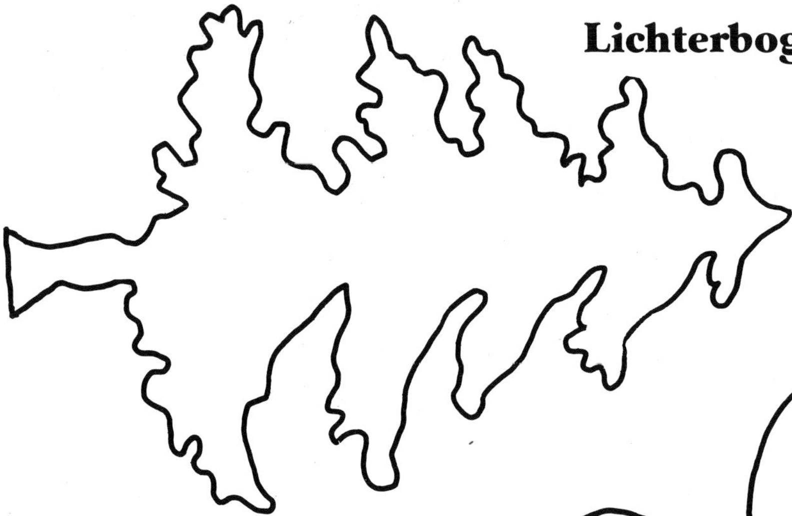

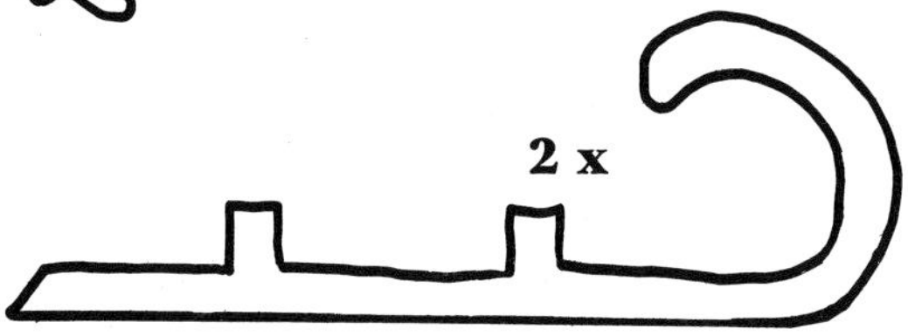

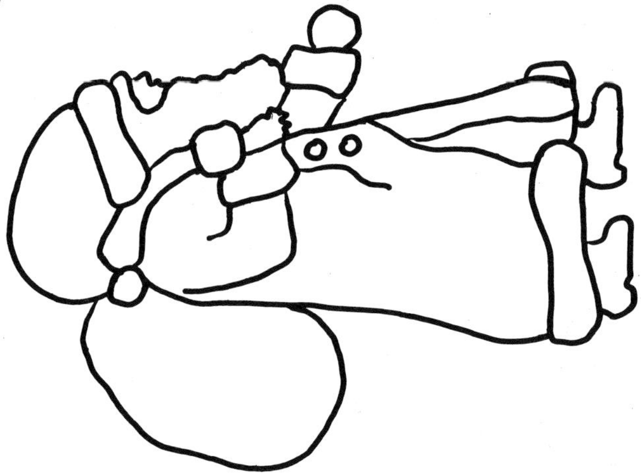

Die Deutsche Bibliothek - CIP-Einheitsaufnahme

Ein Titeldatensatz für diese Publikation ist bei Der Deutschen Bibliothek erhältlich.

Quellenverzeichnis
Marion Dawidowski:
Seite 18, 19, 24–32, 38–41, 46–49
Gabriele Wollenheit:
Seite 16, 17, 20–23, 34–37, 42–45, 50–55, 58
Karina Stieler
Seite 56, 57, 59, 60

Fotografie: Klaus Lipa, Diedorf bei Ausgburg
Redaktion: Kerstin Müller
Umschlagkonzeption: Kontrapunkt, Kopenhagen
Umschlaglayout/Herstellung: Jörg Alt
Layout: Bernd Walser, München

AUGUSTUS VERLAG, München 2001

Satz: Gesetzt aus 11 Punkt Seneca von Bernd Walser Buchproduktion
Reproduktion: Fotolito Longo, Bozen
Druck und Bindung: Appl, Wemding

Gedruckt auf 115 g umweltfreundlich chlorfrei gebleichtem Papier.

ISBN 3-8043-0906-2

Printed in Germany